IBDP CHINESE B
LISTENING AND READING

IBDP中文B听读精练

冯薇薇（Vivienne Fung）主编

HL

5

SinolinguA
华语教学出版社

First Edition 2020

ISBN 978-7-5138-1951-0

Published by Sinolingua Co., Ltd
24 Baiwanzhuang Street, Beijing 100037, China
Tel: (86)10-68320585, 68997826
Fax: (86)10-68997826, 68326333
http://www.sinolingua.com.cn
E-mail: hyjx@sinolingua.com.cn
Facebook: www.facebook.com/sinolingua
Printed by Dachang Rainbow Printing Co. Ltd

Printed in the People's Republic of China

前 言

人类社会步入 21 世纪，整个地球村以前所未有的速度发生着日新月异的变化，不同国家、不同地域的人们之间相互沟通和了解的需求也与日俱增。IB 语言课程的学习将语言能力的提升作为桥梁，以相互理解、团结协作、树立国际视野作为学习的终极目的，这与今日世界的全球化趋势是一致的。

为了更好地满足 IBDP 中文 B 课程师生对于阅读及听力材料的需求，我们根据 IBDP 中文科目的五大主题（身份认同、个人经历、发明创造、社会组织、共享地球）选取了一批文章，分类整理成阅读文本和听力文本，并根据 IB 新大纲（2020 年版）配以类型丰富、内容科学的练习题，进而形成了这套听读精练图书。本书每册对应 IBDP 的一个主题，每个主题分为 HL、SL 两个级别，通过有针对性的训练（听力训练的音频文件可以直接在华语教学出版社官网上下载），帮助学生在较短时间内稳步提高中文的阅读和听力理解能力。

中国是一个有着五千年历史的文明古国，也是一个焕发着勃勃生机的青春之国。为了让学习者更好地了解这个国家，本书所选取的阅读及听力文本不仅介绍了中国丰富多彩的文化传统，更介绍了今天中国社会的新鲜变化，内容涉及普通人的工作生活、科技的飞速发展、教育的改革变迁等，不仅契合 IBDP 中文 B 的五大主题，也体现了一个真实细腻的中国。通过本书，学习者不仅能提高自己中文的听读及表达能力，更能够逐步加深对中国社会的了解，进而达到 IB 所倡导的建立文化理解、培养国际视野的教育目标。

长风破浪会有时，直挂云帆济沧海。希望本书能陪伴学习 IBDP 中文 B 的学生踏上语言学习和文化沟通之路，摘取考试成功的桂冠！

目　录

中国的北极政策

中国发出“洋垃圾”禁令

并非偶然的“毛乌素奇迹”

绿水青山园博会

中国的环保工程

阅读文本

中国的环保工程

很多人都对中国的污染问题有所了解，却对中国的环保工程知之甚少。现在我们一起来了解一下中国的四个比较有特色的环保工程。

一、中国的绿色长城

针对“三北”（东北、西北、华北）地区严重的风沙干旱、水土流失等自然灾害和生态问题，中国于1978年启动了世界最大的防护林工程——三北防护林体系建设工程。这项工程也被大家称为“绿色长城”。

三北防护林工程涵盖中国95%以上的风沙危害区和40%的水土流失区，建设总面积406.9万平方公里，占中国国土面积的42.4%。

经过40多年的不懈努力，三北工程造林保存面积达29.2万平方公里，工程区森林覆盖率由1977年的5.05%提高到13.02%，现在已建立起8572处森林公园、324个国家湿地公园、90个国家沙漠公园。

这个项目自1978年开始，分3个阶段8期工程进行，预计在2050年完成。一期、二期、三期、四期建设任务已顺利完成，目前正在实施五期工程。这项绿色长城工程及最新研究出的“控沙防沙”技术将帮助中国防治土地沙漠化，改善生态环境。

二、中国碳交易市场

2017年12月19日，中国正式启动了全国碳交易市场，设定了碳排放价格。这是中国最大的温室气体排放产业，也是世界上最大的碳交易市场。这个项目的启动为防治污染和应对气候变化迈出了关键一步。

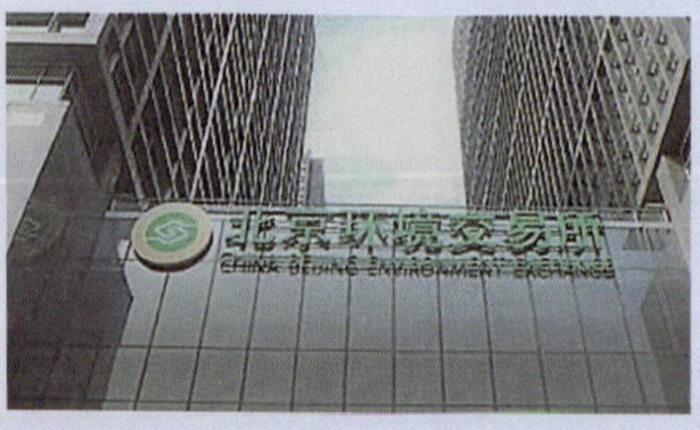

虽然该项目初期仅仅覆盖了发电行业，

但依然对解决气候变化问题有着重要的积极影响。在能源生产方面，中国的煤炭发电占据了65%，这就意味着每年的碳排放将超过35亿吨。这个上限是欧盟碳交易市场的两倍，是加州碳交易市场碳排放上限的10倍。

随着时间的推移，中国的碳排放交易市场也会逐步扩大，预计将涵盖石化、化工、建材、钢铁、有色、造纸、电力、航空等8个高耗能行业。该系统将在未来几十年内大大减少中国的污染。

三、熊猫电站

如果你喜欢大熊猫，那你也许会喜欢这个项目——熊猫太阳能发电站。这项工程在山西大同，因发电站的形状酷似大熊猫而得名。发电站只用黑白两种颜色的材料，黑色部分是单晶体硅太阳能电池，白色部分则是薄膜太阳能电池，然后再利用巧妙的布局拼接成熊猫的样子。

熊猫电站总装机容量100兆瓦，在25年内可提供32亿度绿色电力，相当于节约煤炭105.6万吨，减少二氧化碳排放274万吨。这能有效减少温室气体及有害物质的排放，使人们的生活环境更加洁净美好。

四、中国垂直森林工程

南京的“垂直森林”建筑由意大利建筑设计师史提芬诺·博埃里设计，由两座塔楼组成，一高一矮。塔楼建成后将被1100棵树和2500株灌木覆盖，在造氧排氧的同时，每年还能够吸收25吨的二氧化碳。因此，南京的居民将能够享受到更加清新自然的空气。更重要的是，这一设计思路对未来中国治理城市雾霾具有指导意义。这是中国的第一个城市垂直森林，我们期待未来能有更多这样的项目拔地而起。

为了治理污染，中国正在开展一些非常棒的环保工程，以上列举的仅为几个有趣的项目。在中国人民的共同努力下，中国的环境问题一定能得到彻底的解决。

阅读练习

一、根据文章的内容，从下面各题的四个选项中选出正确答案。（5分）

1. 中国的三北防护林工程是什么时候启动的？ □

A. 1978年　　B. 2017年

C. 2040年　　D. 2050年

2. 中国三北防护林工程也被称为_____。 □

A. 沙漠之舟　　B. 绿色长城

C. 熊猫乐园　　D. 垂直森林

3. 中国碳交易市场是什么时候启动的？ □

A. 1978年　　B. 2017年

C. 2019年　　D. 2050年

4. 总装机容量100兆瓦的熊猫电站在25年内大约能减排多少二氧化碳？ □

A. 32亿吨　　B. 105.6万吨

C. 274万吨　　D. 324万吨

5. 中国的垂直森林工程在哪个城市？ □

A. 北京　　B. 大同

C. 上海　　D. 南京

二、从文章中找出与下面各项意思最接近的词语。（5分）

6.【工程一】国家的领土 ________

7.【工程一】预防和治疗 ________

8.【工程二】最大限度 ________

9.【工程三】极像 ________

10.【工程三】（方法或技术等）灵巧高明，超过寻常的 ________

三、根据文章，回答下面的问题。（3分）

11. 中国的三北防护林覆盖哪三个地区？

____

12. 中国的碳交易市场预计将涵盖多少个行业？

____

13. 南京的“垂直森林”建成后，每年能吸收多少二氧化碳？

____

四、根据文章内容，判断下列说法是对还是错，并用文中内容说明理由。（5分）

	对	错
14. 三北防护林工程涵盖中国95%以上的风沙危害区和60%的水土流失区。 理由：________________________________	□	□

对　错

15. 中国碳交易市场是世界第一大碳交易市场。 □ □

理由：

____

16. 中国碳交易市场有助于改善中国环境污染的问题。 □ □

理由：

____

17. 熊猫发电站的设计和选材只有黑白两种颜色。 □ □

理由：

____

18. 南京的“垂直森林”建筑的设计师是一位意大利人。 □ □

理由：

____

五、根据文章的内容，从右边选出最合适的结尾来完成左边的短句。（4分）

19. 经过多年的不懈努力，□

20. 虽然该项目只覆盖了发电行业，□

21. 熊猫电站在25年内 □

22. 南京“垂直森林” □

A. 然后再利用巧妙的布局拼接成熊猫的样子。

B. 但对解决气候问题依然有重要的作用。

C. 这个项目的启动为防治污染和应对气候变化迈出了关键一步。

D. 中国的碳排放交易市场也会逐步扩大。

E. 可提供32亿度绿色电力。

F. 使人们的生活环境更加洁净美好。

G. 可以造氧排氧。

H. 帮助中国防治土地沙漠化，改善生态环境。

I. 三北防护造林面积已达近30万平方公里。

听力练习

一、根据录音内容，回答下面的问题。（5分）

1. 卫星观测结果是由哪个机构宣布的？

____

2. 21世纪至今，全球绿化面积增长了多少个百分比？

____

3. 哪两个国家对全球绿化起了主导作用？

____

4. 为了增加绿化面积，中国采取了一个什么有效的措施？

____

5. 2018年，中国新成立了一个什么部门，专门负责林业和绿化工作？

____

二、根据录音内容，选择正确答案。（5分）

6. 最近20年，全球绿化增长的面积相当于______。 □

A. 中国的大小　　B. 印度的大小

C. 亚马逊雨林的大小　　D. 美国的大小

7. 调查结果显示的数据让人感到____。 □

A. 兴奋　　B. 意外

C. 直觉　　D. 相信

8. 根据英国的一份杂志，全球绿化面积的增加有赖于____。 □

A. 中印两国的集约化农业　　B. 中印两国的集约化工业

C. 自然可持续发展　　D. 机构改革

9. 下面哪一个机构不承担开发利用森林的任务？ □

A. 森林工业部　　B. 林垦部

C. 农林部　　D. 农业部

10. 现在，中国的森林覆盖率已经达到了____。 □

A. 20%　　B. 5%

C. 25%　　D. 21.6%

三、根据录音内容，判断对错。（5分）

11. 中国现在的林业工作重点在于保护和修复森林。 □

12. 《流浪地球》的故事发生在2500年。 □

13. 现在的地球就像《流浪地球》里描述的那样残破。 □

14. 地球的健康要由每个地球人去守护。 □

15. 亲自到中国来体验比看卫星图像更直观。 □

听力文本

地球比 20 年前更绿了

美国航天局最近宣布了一则让人欣喜的卫星观测结果：当今世界比 20 年前更加绿色了！

21 世纪初至今，全球绿化面积增长了 5%，相当于多出了一个亚马逊雨林的大小。其中中国和印度的行动起了主导作用，两国的贡献高达三分之一。

这样的数据在获得众多网友点赞的同时，也多少有点儿让人意外，因为人们通常觉得像中国和印度这样的人口大国，会因土地过度开发而造成土地退化，美国航天局也说这个结果是“违反直觉”的。英国《自然可持续发展》(*Nature Sustainability*) 杂志上的文章对此给出答案：全球绿化面积的增加，靠的是中印两国的集约化农业，以及中国卓有成效的植树造林。

2018 年，中国进行机构改革时组建了国家林业和草原局。从 1949 年新中国成立至今，这个部门的名字几经变化，包括林垦部、森林工业部、

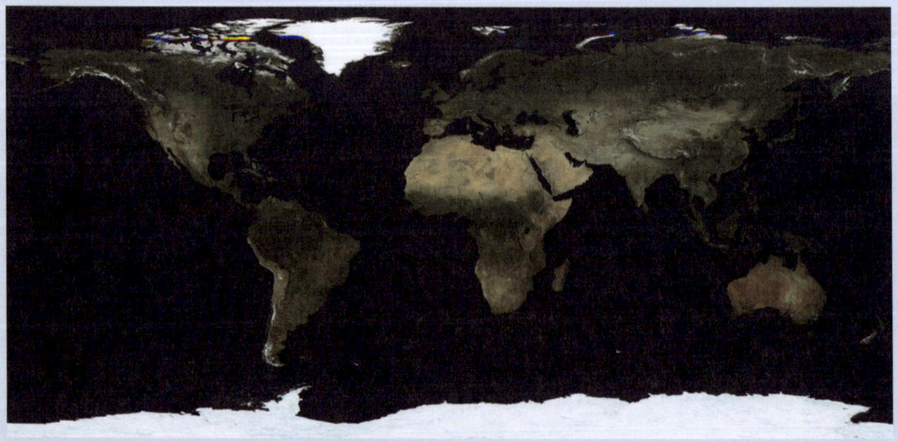

农林部、林业局等。从名字中就能看出，过去处于建设时期的中国需要

大量的资源供给，林业部门承担了很多开发、利用森林的任务。

如今的林业工作更为科学、系统，并且有整体观和长远眼光，更侧重保护与修复包括森林在内的中国的林业。经过知识宣传、科研、规划、产业扶持、个人补贴政策等措施，当年的砍树人变成了种树人，曾经的沙漠变成了森林。目前，中国森林面积达 20769 万公顷，森林覆盖率达到了 21.6%。

中国有句老话：不能享祖宗福，造子孙孽。植树造林正是这样一个功在当代、利在千秋的事业。就像电影《流浪地球》中虚构的那个历时2500年、需要 100 代人去完成的计划一样，中国人还真有为了保护家园而一代又一代不断努力奋斗的决心。更何况，这个地球并不像电影中描述的那样残破，而是如此的美丽迷人，但它的健康值得我们每个人去守护。

耳听为虚，眼见为实。数据和卫星图像都不够直观，欢迎全球朋友亲自来中国走走看看，感受一个更“绿色”的中国。

练习答案

阅读

1. A　2. B　3. B　4. C　5. D

6. 国土　7. 防治　8. 上限　9. 酷似　10. 巧妙

11. 东北、西北、华北

12. 8个

13. 25吨

14. 错。三北防护林工程涵盖中国95%以上的风沙危害区和40%的水土流失区。

15. 对。2017年12月19日，中国正式启动了全国碳交易市场，设定了碳排放价格。这是中国最大的温室气体排放产业，也是世界上最大的碳交易市场。

16. 对。这个项目的启动为防治污染和应对气候变化迈出了关键一步。

17. 对。发电站只用黑白两种颜色的材料，黑色部分是单晶体硅太阳能电池，白色部分则是薄膜太阳能电池。

18. 对。南京的“垂直森林”建筑由意大利建筑设计师史提芬诺·博埃里设计，由两座塔楼组成，一高一矮。

19. I　20. B　21. E　22. G

听力

1. 美国航天局　2. 百分之五 /5%　3. 中国和印度　4. 植树造林

5. 国家林业和草原局

6. C　7. B　8. A　9. D　10. D

11. 对　12. 错　13. 错　14. 对　15. 对

中国五大大型太阳能项目

阅读文本

中国五大大型太阳能项目

中国可再生能源的迅速发展吸引着全世界的目光：2017 年全年太阳能光伏发电新增装机 53 千兆瓦，比 2016 年增长 53.6%，连续 5 年位居世界第一；截至 2017 年底，全国光伏发电累计装机达到 130 千兆瓦，连续 3 年位居全球首位。下面我们就来看看中国五大太阳能项目都有哪些。

排名第五的是淮南漂浮式光伏电站。该电站位于安徽省淮南市潘集区，占地面积 6000 多亩，是世界上最大的漂浮式光伏电站。项目总投资近 10 亿元，总装机容量约 150 兆瓦，每年可以为 9.4 万户家庭提供清洁电力。

该电站的选址曾是煤矿开采区。曾经的采煤活动引起地面大范围沉陷，地下水水位上升，加上雨水，形成了大片湖泊。漂浮式光伏电站就建立在 4 至 10 米深的湖面上，既不占用土地资源，又科学利用了采煤沉陷区水面。这个项目开创了中国此类项目的先河，向世人展示了中国正由煤炭能源向可再生能源过渡。

排名第四的是盐池光伏电站。2016 年 6 月，该项目一期首批 380 兆瓦光伏电站已成功并网发电，项目全部建成后装机容量将达到 2000 兆瓦。

宁夏回族自治区的盐池县是中国国家级贫困县之一，土地盐碱化严重，无法耕作，导致该县经济发展缓慢。为了帮助当地人民脱贫，近几年，县政府引进了蜜蜂养殖业和太阳能光伏这样的高新产业，盐池光伏电站

就是合理利用贫瘠土地的成功范例。

排名第三的是龙羊峡大坝光伏电站。2013年，装机容量达320兆瓦的龙羊峡大坝光伏电站建成，当时其占地面积达到9平方公里。2015年，该光伏电站新增装机容量530兆瓦，总占地面积达14平方公里，这使得龙羊峡大坝光伏电站以850兆瓦的装机总量成为世界上最大的太阳能电站之一。

该光伏电站坐落于中国西部的青海省，与当地一个水电站联合运行，实现“水光互补”，并网发电。当光照较强时，水电机组降功率运行，充分利用太阳能资源；当阴雨天、夜晚光照下降时，水电机组又及时弥补光伏发电的不足。这种模式减少了天气变化对光伏电站发电的影响，提高了光伏发电电能的质量，从而获得了稳定可靠的电源。

排名第二的是山西大同的熊猫光伏电站，这也是中国第二大的太阳能发电厂。从空中看，这个基地就像一只巨大的熊猫。如果你喜欢大熊猫，你一定喜欢这个项目。此项目的一期建设最近已竣工，已实现向大同电网并网发电，可提供100兆瓦的装机容量，占到大同当地电网的三分之一。

排名第一的是腾格里沙漠光伏电站。该光伏电站位于宁夏回族自治区的中卫市，占地1200平方公里，装机容量达1547兆瓦，是迄今为止世界上最大的太阳能发电厂，被称作中国的“太阳能万里长城”。目前，腾格里沙漠光伏电站是中国最大的光伏电站。

加快全球能源转型，实现绿色低碳发展，已经成为国际社会的共同使命。中国将继续推动绿色产业在中国发展壮大，为人类的可持续发展贡献更大力量。

阅读练习

一、根据文章的内容，从下面各题的四个选项中选出正确答案。（5分）

1. 截至2017年年底，中国光伏发电累计装机连续几年位居世界第一？ □

A. 2年　　B. 3年

C. 4年　　D. 5年

2. 排名第五的漂浮式光伏电站的选址是在什么地方？ □

A. 宁夏　　B. 青海

C. 安徽　　D. 山西

3. 盐池光伏电站全部建成后装机总量将有多大？ □

A. 320兆瓦　　B. 380兆瓦

C. 1000兆瓦　　D. 2000兆瓦

4. 龙羊峡大坝总占地面积是多大？ □

A. 9平方公里　　B. 14平方公里

C. 23平方公里　　D. 1200平方公里

5. 哪座光伏电站被称作中国的“太阳能万里长城”？ □

A. 盐池光伏电站　　B. 龙羊峡大坝光伏电站

C. 大同熊猫光伏电站　　D. 腾格里沙漠光伏电站

二、从文章中找出与下面各项意思最接近的词语。（5分）

6.【第三段】地面或建筑物的基础陷下去 ________

7.【第五段】摆脱贫困 ________

8.【第八段】工程完成 ________

9.【第九段】到现在 ________

10.【第十段】重大的责任 ________

三、根据文章，回答下面的问题。（3分）

11. 世界上最大的漂浮式光伏电站厂是哪一个？

____

12. 文中哪个光伏电站利用了水力发电？

____

13. 中国的哪个城市建了熊猫光伏电站？

____

四、根据文章内容，判断下列说法是对还是错，并用文中内容说明理由。（5分）

	对	错
14. 2017年中国全年太阳能光伏发电新增装机130千兆瓦。 理由：________________________	□	□
15. 淮南漂浮式光伏电站的选址曾经是一个煤矿开采区。 理由：________________________	□	□
16. 位于宁夏的盐池县生活水平很高。 理由：________________________	□	□
17. 龙羊峡大坝光伏电站的发电模式不会受天气原因太大的影响。 理由：________________________	□	□

对 错

18. 大同熊猫光伏电站的名字由来是因为那个基地喂养了一只熊猫。 □ □

理由：

____

五、根据文章的内容，从右边选出最合适的结尾来完成左边的短句。（4分）

19. 淮南漂浮式光伏电站展示了 □	A. 项目全部建成后装机容量将达到2000兆瓦。
20. 为了帮助当地人民脱贫， □	B. 为人类的可持续发展贡献更大力量。
21. 当阴雨天或夜晚光照下降时， □	C. 中国正由煤炭能源向可再生能源过渡。
22. 腾格里沙漠光伏电站装机容量 □	D. 每年可以为9.4万户家庭提供清洁电力。
	E. 盐池县政府引进了蜜蜂养殖业。
	F. 已经成为国际社会的共同使命。
	G. 水电机组能及时弥补光伏发电的不足。
	H. 使其成为迄今为止世界上最大的太阳能发电厂。
	I. 已实现向大同电网并网发电。

听力练习

一、根据录音内容，回答下面的问题。（5分）

1. 小米公司是什么时候成立的？

____

2. 阿里巴巴是谁创立的？

____

3. 华为来自海外的收入占多少百分比？

____

4. 联想是在哪一年成为了世界最大的个人电脑销售商的？

____

5. 这篇听力文本介绍了几个中国著名品牌？

____

二、根据录音，选择正确答案。（5分）

6. 小米的业务已经覆盖____多个国家和地区。 □

A. 20　　B. 40

C. 60　　D. 80

7. 小米国际化收入占比超过_____。 □

A. 8.3%　　B. 36%

C. 65%　　D. 70%

8. 智明星通的海外用户遍布世界_____多个国家和地区。 □

A. 20　　B. 40

C. 60　　D. 80

9. 阿里巴巴目前业务覆盖_____多个国家。 □

A. 60　　B. 80

C. 150　　D. 200

10. 目前，联想_____的收入来自海外。 □

A. 8.3%　　B. 36%

C. 65%　　D. 70%

三、根据录音内容，判断下列说法的对错。（5 分）

11. 小米公司是一家专注开发手游的公司。 □

12. 智明星通主要生产通信设备和经济适用型智能手机。 □

13. 阿里巴巴在 2016 年成为世界最大零售商。 □

14. 华为创立于 1984 年。 □

15. 2014 年，联想收购了摩托罗拉。 □

听力文本

全球最具影响力的中国品牌

说到国际品牌，你最先想到的是什么？苹果？奔驰？香奈儿？有没有想到中国品牌呢？显然，中国品牌和国际大牌还有一定差距，但不可否认的是，一些中国品牌已经在今天的国际市场上有了一定的知名度。以下就是中国在全球最具影响力的五大品牌。

排名第五的是“小米”品牌。小米公司成立于2010年，总部设在北京，是一家专注电子产品的研发，负责设计、制造和销售智能手机、笔记本电脑、健身手环、智能空气净化器等电子产品的公司。目前，小米业务已经覆盖80多个国家和地区，国际化收入占比超过36%。小米在其中30个国家手机市场进入前五，给当地带去了产品、技术、管理和资金。

排名第四的是手游制造商“智明星通”。智明星通成立于2008年，一直专注海外市场。智明星通开发的欢乐农场等社交游戏不仅在脸书和谷歌上很受欢迎，还覆盖了亚、欧、拉30多国的20多个主要平台。现在智明星通拥有遍布世界40个国家和地区的5000余万海外用户，已经成为中国互联网公司国际化的标志。

用智能手机除了玩儿游戏还能做什么？对了，购物。中国的第三大品牌就是中国的电商巨头阿里巴巴。阿里巴巴由马云在1999年创立，2016年4月已是世界最大零售商，超越了沃尔玛，目前业务覆盖全球200多个国家。2016年，马云花了

800 多个小时在几十个国家间飞来飞去，向世界介绍他的宏大设想。马云的目标是让世界每个角落的小企业都能在阿里巴巴的平台上自由安全地进行交易。2017 年初，马云和美国总统特朗普见面，承诺在美国创造 100 万个工作岗位，让美国小企业通过阿里巴巴的平台把生意做到中国去。

第二大品牌是智能手机的巨头“华为”。华为主要生产通信设备和经济适用型智能手机，约 65% 的收入来自海外。华为创立于 1987 年，现在已经成为具有国际影响力的品牌。华为是目前世界第三大智能手机品牌，占据 8.3% 的市场额。目前华为还在快速开拓新的国际市场。

中国第一大品牌是“联想”。联想是一家中国的跨国公司，成立于 1984 年，主营个人电脑、智能手机、平板电脑、智能电视等。2017 年 1 月，联想成为世界最大的个人电脑销售商。2005 年，联想收购了 IBM 的个人电脑业务。2014 年，联想又收购了摩托罗拉。这些收购帮助联想拓展了它在西方国家的市场。目前，联想 70% 的收入来自海外。现在，联想的业务已经覆盖了 60 多个国家，产品销往 160 个国家。

以上就是全球五大最具影响力的中国品牌，哪个中国品牌是你的最爱？

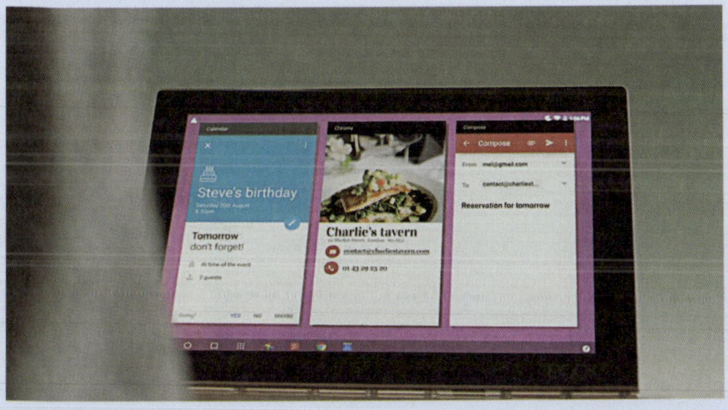

练习答案

阅读

1. D　2. C　3. D　4. B　5. D

6. 沉陷　7. 脱贫　8. 竣工　9. 迄今　10. 使命

11. 淮南漂浮式光伏电站

12. 龙羊峡大坝光伏电站

13. 山西大同

14. 错。2017 年全年太阳能光伏发电新增装机 53 千兆瓦。

15. 对。该电站的选址曾是煤矿开采区。

16. 错。宁夏回族自治区的盐池县是中国国家级贫困县之一，土地盐碱化严重，无法耕作，导致该县经济发展缓慢。

17. 错。当光照较强时，水电机组降功率运行，充分利用太阳能资源；当阴雨天、夜晚光照下降时，水电机组又及时弥补光伏发电的不足。

18. 错。从空中看，这个基地就像一只巨大的熊猫。

19. C　20. E　21. G　22. H

听力

1. 2010 年　2. 马云　3. 65%　4. 2017 年　5. 五个

6. D　7. B　8. B　9. D　10. D

11. 错　12. 错　13. 对　14. 错　15. 对

全球变暖是谎言？

阅读文本

全球变暖是谎言？

许多人认为全球变暖是20世纪最大的谎言，而且这个谎言严重影响到21世纪人类的生活。他们觉得气候环境的变化在常理之内，人类活动并没有带来所谓的温室效应和气候异常，冬天还是那么冷，夏天还是那么热，所以不存在温室效应加强的说法。那么，全球变暖真的是谎言吗？首先给大家讲几个很重要的历史事件。

1824年，法国物理学家约瑟夫·傅里叶提出地球自然产生的温室效应。这是第一次有人提出温室效应的概念。这一概念在之后有关气候变化的讨论中占据了重要地位。

1938年，英国工程师盖伊·卡伦德证明19世纪的全球气温有了明显上升，且同一时期的二氧化碳浓度也上升了。他还表示，这可能是气候变暖的两个诱因。

1972年，首次联合国环境大会在斯德哥尔摩召开。当时气候变化并非重大议题。

1975年，美国科学家华莱士·布洛克在一篇科学论文标题中使用了“全球变暖”这个词，使该名词进入公众视野。

1988年，政府间气候变化专门委员会(IPCC)成立。这个机构负责收集气候变化的相关证据并对其进行评估。

1992年，在里约热内卢召开的地球峰会上，多国政府同意签订联合国气候变化框架公约。

1997年，《京都议定书》签订。发达国家承诺，2008年到2012年，二氧化氮等6种温室气体的排放量将比1990年至少减少5%。

2005年，《京都议定书》对于签署国来说上升为国际法。但由于乔治·布什总统的决定，美国不再是《京都议定书》签署国。

2006年，美国前副总统艾伯特·戈尔主演了一部名为《难以忽视的真相》的纪录片，使得越来越多的人开始关注气候变化这一新威胁。

2016年，《巴黎气候协定》签订了。这成为有关气候变化的第一项重大全球政策决议。这使全球两个最大的碳排放国——美国和中国为自己的行为和碳排放负责。

2016年10月4日，欧洲议会投票决定加入《巴黎气候协定》，使该协定在世界范围内向前推进一步——因为必须至少有占世界排放总量55%的55个国家共同签订，该协定才会生效。

2016年11月，在摩洛哥第22届联合国气候变化大会(COP22)上，中国代表团副团长谢极称，中国为应对气候变化正在采取比以往更强硬的措施。中国在各项绿色倡议中走在世界前列。例如，中国在可再生能源方面投资巨大。国外研究机构“公共财政国际”的网站上显示，2014年中国在可再生能源上的投资额超过世界其他国家，达1030亿美元，占世界总额的36%。

美国总统特朗普认为，气候变化是中国编造出来的谎言，目的是为了降低美国在全球经济中的竞争力。他还表示，相信这一谎言，只会对美国的制造业和就业市场带来伤害。

2017年，特朗普表

示要退出《巴黎气候协定》，他还任命斯科特·普鲁特为美国国家环境保护局(EPA)局长。普鲁特对气候科学持怀疑态度，还否认气候变化。

如果美国退出《巴黎气候协定》，中国将成为这一协定中最大也是最重要的国家。习近平主席和中国政府已经明确表示，愿意和其他国家一起为全球创造更好的未来。

“可再生能源世界”网站称，过去五年，世界新增的可再生能源电力中40%来自中国。中国对清洁和可再生能源的投资超过欧洲和美国之和。

中国很清楚在国内创造可再生能源项目的重要性。如果美国退出《巴黎气候协定》，中国或将成为创造绿色未来的主要推动力，也很有可能成为全球绿色发展的领导者。

阅读练习

一、根据文章的内容，从下面各题的四个选项中选出正确答案。（5分）

1. 温室效应这一概念是哪一年首次提出的？ □

A. 1824 年　　B. 1938 年

C. 1972 年　　D. 1975 年

2. 第一次联合国环境大会在哪里举行？ □

A. 里约热内卢　　B. 京都

C. 巴黎　　D. 斯德哥尔摩

3. 是谁让“全球变暖”这个词进入公众视野的？ □

A. 法国科学家　　B. 英国科学家

C. 美国科学家　　D. 德国科学家

4.《京都议定书》是哪一年签订的？ □

A. 1988 年　　B. 1992 年

C. 1997 年　　D. 2005 年

5.《巴黎气候协定》是哪一年签订的？ □

A. 1997 年　　B. 2005 年

C. 2006 年　　D. 2016 年

二、从文章中找出与下面解释最接近的词。（3分）

6.【第一段】通常的道理 ________

7.【第三段】导致某种事情发生的原因 ________

8.【第十三段】提出的主张 ________

三、根据文章后半部分，回答下面的问题。（3分）

9. 有关气候变化的第一项重大全球政策决议是哪一个？

____

10. 全球最大的两个碳排放国是哪两个国家？

____

11. 2014年中国在可再生能源上的投资额规模如何？

____

四、根据文章内容，判断下列说法是对还是错，并用文中内容说明理由。（5 分）

	对	错
12. 1972 年，首次联合国环境大会的主要议题是气候变化问题。 理由：________________	□	□
13. 政府间气候变化专门委员会（IPCC）的主要任务之一是对气候变化进行评估。 理由：________________	□	□
14. 由于艾伯特·戈尔的决定，美国不再是《京都议定书》签署国。 理由：________________	□	□
15.《难以忽视的真相》是美国前总统乔治·布什主演的。 理由：________________	□	□

对 错

16. 美国总统特朗普在 2016 年曾说，中国编造了关于气候变化的假话。	☐	☐
理由：________________________________		

五、根据文章的内容，从右边选出最合适的结尾来完成左边的短句。（4 分）

17. 中国在可再生能源方面的 ☐
18. 许多人觉得气候环境的变化 ☐
19. 特朗普认为 ☐
20. 中国政府愿意 ☐

A. 持怀疑态度。
B. 新增可再生能源的电力。
C. 正在采取比以往更强硬的措施。
D. 走在世界前列。
E. 气候变化不是一个真实的说法。
F. 与世界上其他国家协力保护地球环境。
G. 超过世界其他国家。
H. 在常理之内。
I. 投资巨大。

听力练习

一、根据录音内容，回答下面的问题。（5分）

1. 中国与非洲之间的交往超过了多少年？

____

2. 丝绸之路是在什么时候兴起的？

____

3. 公元8世纪，中国的哪一个发明传到了非洲？

____

4. 郑和给非洲留下了什么？

____

5. 中非合作论坛是什么时候成立的？

____

二、根据录音内容，选择正确答案。（5分）

6. 中国出产的____出现在古埃及法老的头饰上。 □

A. 瓷器　　B. 丝绸

C. 纸　　D. 茶叶

7. 第一个到达非洲的中国人杜环是_____人。 □

A. 汉朝　　B. 唐朝

C. 宋朝　　D. 明朝

8. ____世纪，宋朝造船和航海技术快速发展。 □

A. 8　　B. 11

C. 15　　D. 17

9. _______世纪时期，明朝的航海家、外交官郑和带领两万人的使者团到达非洲。 □

A. 8　　B. 11

C. 15　　D. 17

10. 2000 年，中非合作论坛在_____正式成立。 □

A. 开罗　　B. 亚的斯亚贝巴

C. 北京　　D. 约翰内斯堡

三、根据录音内容，判断对错。（5 分）

11. 汉灵帝不喜欢折叠椅。 □

12. 旅行家杜环被阿拉伯人抓住，带到了北非。 □

13. 通过海上丝绸之路，芝麻和西瓜这样的日常食物从非洲被带到中国。 □

14. 中国四大发明中的火药和指南针被引进到埃及。 □

15. 埃塞俄比亚从中国学到了印刷技术。 □

听力文本

中国与非洲：三千年交往史

中国和非洲之间的交往由来已久，已经超过了三千年。这从三千年前中国出产的丝绸出现在古埃及法老的头饰上就可以看出。

东汉年间，丝绸之路兴起，一位从埃及来的使者献给了当时的皇帝汉灵帝一件礼物，那是一把可以用来坐下休息的折叠椅。汉灵帝非常喜欢这把折叠椅，结果这种折叠椅成了当时城中最流行的货品。

8 世纪中唐时期，唐朝军队被阿拉伯帝国打败，旅行家杜环被阿拉伯人抓住，带到了北非。杜环成了首个踏上非洲的中国人。他发现，汉朝时的造纸术已经在非洲流传开来。

11 世纪，宋朝造船和航海技术快速发展，中国货船成队驶向非洲东海岸。通过海上丝绸之路，芝麻和西瓜这样的日常食物从非洲被带到中国。中国四大发明中的火药和印刷术被引进到埃及，接着，埃塞俄比亚很快学到了火药技术，并且把它应用于对外战争之中。

15 世纪，明朝的航海家、外交官郑和带领两万人的使者团到达非洲，给非洲留下了成千上万的中国瓷器。

2000 年，中非合作论坛在北京正式成立。中非双方决定友好合作，共同应对经济全球化挑战，谋求共同发展。通过古今海上丝绸之路，中非贸易持续繁荣，未来合作将会继续深入。

练习答案

阅读

1. A　2. D　3. C　4. C　5. D

6. 常理　7. 诱因　8. 论调

9.《巴黎气候协定》

10. 美国和中国

11. 2014年中国在可再生能源上的投资额超过世界其他国家，达1030亿美元，占世界总额的36%。

12. 错。1972年，首次联合国环境大会在斯德哥尔摩召开。当时气候变化并非重大议题。

13. 对。1988年，政府间气候变化专门委员会(IPCC)成立。这个机构负责收集气候变化的相关证据并对其进行评估。

14. 错。但由于乔治·布什总统的决定，美国不再是《京都议定书》签署国。

15. 错。美国前副总统艾伯特·戈尔主演了一部名为《难以忽视的真相》的纪录片。

16. 对。特朗普认为，气候变化是中国编造出来的谎言，目的是为了降低美国在全球经济中的竞争力。

17. I　18. H　19. E　20. F

听力

1. 三千年　2. 东汉　3. 造纸术　4. 中国瓷器　5. 2000年

6. B　7. B　8. B　9. C　10. C

11. 错　12. 对　13. 对　14. 错　15. 错

中国的北极政策

阅读文本

中国的北极政策

在北冰洋中有公海和国际海底区域。按照1994年生效的《联合国海洋法公约》等国际条约和一般国际法规定，北极域外国家在这些海域和一些特定区域享有科研、航行、捕鱼、资源勘探和开发等权利。中国是陆上最接近北极圈的国家之一，也依法享有上述权利。

英国、日本、德国等国近几年都制定了北极政策。2018年1月26日，中国政府发布了《中国的北极政策》白皮书，这也是中国首部北极政策文件，引起了海内外的关注和讨论。

在白皮书中，中国阐述了“认识北极、保护北极、利用北极和参与治理北极”的政策主张等内容，更加明确地阐述了中国在北极的政策。这也是对国际关切的回应。

中国其实很早就参与到了北极事务中来。此前，中国在北极的活动以科学研究为主。1999年，中国政府首次组织科学考察队赴北极开展科学考察活动。2004年，中国第一次在北极建立了科考站——黄河站，成为了世界上第八个在北极建立科考站的国家。在对北极的科学考察中，中国获取了大量第一手北极气候环境资料，拓展了人们对北极地区海洋、冰雪、大气、生物、地质等的观测能力。

现在，北极冰雪融化为各国北极航道的商业开发利用创造了条件，如果未来部分港口通过北冰洋航线连接，可以缩短海洋运输时间。各国都关注到这一国际贸易的新机遇。中国也提出共建“冰上丝绸之路”（“冰上丝绸之路”是指穿越北极圈，连接北美、东亚和西欧三大经济中心的海运航道），与各方合作，促进北极互联互通和可持续发展，这一点引起了国际社会的广泛关注。

事实上，中国在提出“一带一路”倡议时，也曾引发各种猜想。但在倡议实施过程中，中国充分尊重当地法律、文化和利益关切，与各国共商共建共享，最终成果惠及沿线各国。近至中亚，远至欧洲，其经贸合作和经济发展都能从中获益。这条“冰上丝绸之路”也是一样。

通览白皮书，中国的北极政策重点还是在认识北极和守护北极上，特别强调以尊重北极国家主权和相关法律为前提开展科研活动，在北极环境治理、生物多样性保护和应对气候变化方面都明确了方向。北极这片冰雪天地需要全世界共同守护，中国的资金、技术、市场、知识和经验，将在其中发挥更大的作用。

阅读练习

一、根据文章的内容，从下面各题的四个选项中选出正确答案。（5分）

1. 2018年，中国政府发布了中国第几个北极政策文件？ □

A. 一　　B. 二

C. 三　　D. 四

2. 中国政府在北极开展的科研活动将以什么为前提？ □

A. 治理北极环境　　B. 保护北极生物多样性

C. 尊重北极国家主权　　D. 应对气候变化

3. 中国政府第一次组织科学考察队赴北极考察是在哪一年？ □

A. 1994年　　B. 1999年

C. 2004年　　D. 2018年

4. 开发利用北极航道有什么好处？ □

A. 开展科学考察活动　　B. 获取北极环境资料

C. 提高北极航海技术　　D. 缩短海洋运输时间

5. 下面哪一个不属于"冰上丝绸之路"连接的经济中心？ □

A. 北美　　B. 东亚

C. 南美　　D. 西欧

二、从文章中找出与下面各项意思最接近的词语。（5 分）

6.【第一段】查明矿藏分布情况 ____________

7.【第一段】拥有 ____________

8.【第三段】对于如何行动所持有的见解 ____________

9.【第六段】停泊船只的地方 ____________

10.【第七段】有利于 ____________

三、根据文章第五段，回答下面的问题。（3 分）

11. 中国在北极建立科考站是在哪一年？

____

12. 中国在北极建立的科考站叫什么名字？

____

13. 中国是世界上第几个在北极建立科考站的国家？

____

四、根据文章内容，判断下列说法是对还是错，并用文中内容说明理由。（5分）　　　对　　错

14. 英国、日本、德国等国的北极政策还没有出台。 □ □

理由：

____

15. 中国的北极政策重点是开发利用北极资源。 □ □

理由：

____

16. 自从《中国的北极政策》白皮书发布以后，中国开始参与北极事务。 □ □

理由：

____

17. 北极冰雪融化会为周边国家带来新的国际贸易的机遇。 □ □

理由：

____

对　错

18. 世界各国非常关注中国提出的"冰上丝绸之路"的共建计划。 理由：________________	□	□

五、根据文章的内容，从右边选出最合适的结尾来完成左边的短句。（4分）

19. 在对北极的科学考察中，中国获取了 □	A. 最接近北极圈的国家之一。
	B. 享有科研等权利。
	C. 大量第一手北极气候环境资料。
20. 中国是陆上 □	D. 对国际关切的回应。
	E. 将在其中发挥更大的作用。
21. 在中国实施"一带一路"倡议时， □	F. 以尊重北极国家主权和相关法律为前提。
22.《中国的北极政策》白皮书 □	G. 曾经引起了国际社会的各种猜测。

听力练习

一、根据录音内容，回答下面的问题。（5分）

1. 京津冀的“冀”指的是什么地方？

____

2. 京津冀城市群计划是什么时候提出来的？

____

3. 京津冀城市群的中心是哪个地方？

____

4. 京津冀城市群的覆盖面积有多大？

____

5. 京津冀城市群未来将有百分之多少的电力来自可再生能源？

____

二、根据录音内容，选择正确答案。（5分）

6. 京津冀城市群包括_____个城市。

A. 3　　B. 5　　C. 13　　D. 14

7. 到 2020 年，计划形成京津冀_____公里的高速公路网。 □

A. 9000　　B. 9500

C. 10000　　D. 15000

8. 到 2020 年，计划形成京津冀_____公里的铁路网。 □

A. 9000　　B. 9500

C. 10000　　D. 15000

9. 到 2020 年，首都国际机场将实现_____人次乘客目标。 □

A. 8000 万　　B. 1 亿

C. 1.3 亿　　D. 1.5 亿

10. 未来京津冀城市群将实现金融、技术、物流、_____的融合。 □

A. 政治　　B. 教育

C. 文化　　D. 医疗

三、根据录音内容，判断下列说法是否正确。（5 分）

11. 天津是政治文化中心。 □

12. 河北省注重重工业的发展。 □

13. 到 2020 年，计划形成京津冀主要城市 1 小时公路交通圈。 □

14. 京津冀城市群将发展高科技智能制造产业。 □

15. 京津冀城市群内已有 1 千多家医院互认检查结果。 □

听力文本

中国下一个世界级的城市群——京津冀

以一个特大城市为核心，周围有几个较小的城市，这些城市往往会形成一个集合体，共享资源和交通，这就是城市群。

全球知名的城市群包括：美国东北部大西洋沿岸城市群、北美五大湖城市群、日本太平洋沿岸城市群。2014 年提出的京津冀城市群是中国继长江三角洲城市群之后的下一个世界级的城市群。

京津冀指的是北京市、天津市和河北省。北京是政治文化中心，天津是国际港口城市，河北省以重工业为主。京津冀城市群以北京为中心，包括 14 个城市，覆盖面积 21.6 万平方公里，人口 1.3 亿。

按照规划，2020 年计划形成京津冀 9000 公里的高速公路网和主要城市 3 小时公路交通圈，9500 公里的铁路网和主要城市 1 小时城际铁路交通圈，实现首都国际机场 1 亿人次乘客目标和北京新机场一期工程的投入使用。

经济发展方面，作为中心城市的北京将引导并

与城市群其他城市合作，促进产业的创新和升级。在该地区将有 2700 多个北京创新型企业的分公司。智能制造将成为该城市群的新趋势。

医疗方面，京津冀城市群内已有 1 万多家医院互认检查结果，病人不需要再做重复检查。病人可以在城市群内所有医院使用医疗保险。

该地区重视空气污染的治理，实行低碳生活。城市群 55% 的电力将来自可再生能源。

未来，京津冀城市群将实现金融、技术、物流、教育的融合，成为长江三角洲城市群和珠江三角洲城市群之外推动中国经济发展的新动力。

练习答案

阅读

1. A　2. C　3. B　4. D　5. C

6. 勘探　7. 享有　8. 主张　9. 港口　10. 惠及

11. 2004年　12. 黄河站　13. 第八个

14. 错。英国、日本、德国等国近几年都制定了北极政策。

15. 错。通览白皮书，中国的北极政策重点还是在认识北极和守护北极上。

16. 错。中国其实很早就参与到了北极事务中来。

17. 对。现在，北极冰雪融化为各国北极航道的商业开发利用创造了条件。

18. 对。中国也提出共建“冰上丝绸之路”，与各方合作，促进北极互联互通和可持续发展，这一点引起了国际社会的广泛关注。

19. C　20. A　21. G　22. F

听力

1. 河北省　2. 2014年　3. 北京　4. 21.6万平方公里　5. 55%

6. D　7. A　8. B　9. B　10. B

11. 错　12. 对　13. 错　14. 对　15. 错

中国发出“洋垃圾”禁令

阅读文本

中国发出"洋垃圾"禁令

中国自2018年1月1日起开始实施"洋垃圾"禁令，即全面禁止进口废塑料、未经分拣的废纸、纺织废料、钒渣等在内的4类24种固体废物。这一"禁令"的出台，对中国和多年来向中国出口"洋垃圾"的国家都会产生深远的影响。

中国是全球废料的主要流向国之一，这形成于中国特定的历史时期。20世纪八九十年代，中国经济高速发展，原材料非常缺乏，进口废物能够提供一定的补充，并且价格便宜，能降低企业成本。但当时的中国垃圾分类技术还不成熟，只能依靠人工分拣，而且会将无价值的垃圾进行焚烧处理，导致生态环境严重受损。除此之外，违法走私"洋垃圾"现象也层出不穷，很多人从中获取暴利。

没有绿水青山，何谈金山银山。近年来，中国一直在纠正曾经过于宽松的政策和监管不到位所带来的问题。2013年，中国海关展开"绿篱"行动，将不合规的"洋垃圾"挡在国门之外。2017年7月，中国向世界贸易组织通报了关于此禁令的决定。

但是，当禁令真正实施时，一些国家还是陷入了"混乱"，有些国家因为废料无法运出，造成垃圾堆积如山。美国废料回收工业协会甚至将这个现象形容为"灾难性的"。无可否认，此禁令对中外部分企业和行业带来冲击，但这是中国经济转型的必然结果，也是中国在进入新时代之后经济高质量发展的必然要求，没有哪一个国家想做永远的“国际垃圾场”。换个角度来说，此禁令反而有助于促使各国改进垃圾分类的设施和技术。

中国的“洋垃圾”禁令实施一年以来，原本洋垃圾的主要出口地从中国转向东南亚。据国际再生利用组织统计，2017 年越南和印尼的资源垃圾进口量同比增长 60% 以上。除东南亚国家外，印度的进口也在增加，但这些进口洋垃圾的国家的进口规定也变得越来越严格。2018 年 5 月，越南临时禁止进口塑料废料；2018 年 10 月，泰国宣布 2021 年前禁止进口塑料垃圾；2018 年 10 月，马来西亚宣布禁止进口塑料废料，并计划在三年内逐步停止进口所有类型的塑料。

越来越多的机构和个人已深深意识到，经济增长不必以牺牲清洁的环境为代价。中国将同各国携手努力，共同迎接挑战。

阅读练习

一、根据文章的内容，从下面各题的四个选项中选出正确答案。（5分）

1. 下面哪一个选项不是中国进口“洋垃圾”的原因？ □

A. 中国经济高速发展　　B. 原材料缺乏

C. 中国垃圾分类技术不成熟　　D. 进口废物价格便宜

2. 中国对“洋垃圾”的哪一种处理措施导致生态环境严重受损？ □

A. 对垃圾进行分类　　B. 焚烧无价值的垃圾

C. 回收利用废物　　D. 违法走私现象层出不穷

3. 中国海关采取的“绿篱”行动是为了打击_____走私。 □

A. 奢侈品　　B. 洋垃圾

C. 武器　　D. 文物

4. 中国实施“洋垃圾”禁令以来，原本洋垃圾的出口地从中国转向了______。 □

A. 欧盟　　B. 拉美

C. 东南亚　　D. 非洲

5. 经济增长不应该以什么为代价？ □

A. 禁止洋垃圾　　B. 降低成本

C. 污染环境　　D. 扔掉垃圾

二、从文章中找出与下面各项意思最接近的词语。（5 分）

6.【第一段】禁止从事某项活动的法令 ________

7.【第二段】获得的巨额利润 ________

8.【第三段】成堆地聚集 ________

9.【第三段】社会经济结构、文化形态、价值观念等发生转变

____

10.【第四段】对某种废品进行加工，使其复活、恢复其性能

____

三、根据文章第五段，回答下面的问题。（3 分）

11. 2017 年，越南和印尼的资源垃圾进口量同比有什么变化？

____

12. 泰国准备在什么时候禁止进口塑料垃圾？

____

13. 马来西亚打算用多长时间逐步停止进口所有类型的塑料？

____

四、根据文章内容，判断下列说法是对还是错，并用文中内容说明理由。（5分）

	对	错
14. 中国自2018年元旦起全面禁止进口废塑料等洋垃圾。 理由：________________	□	□
15. 中国拒收"洋垃圾"后，一些国家的垃圾因为运不出去而堆成山。 理由：________________	□	□
16. 20世纪八九十年代，中国的垃圾分类技术已经很成熟了。 理由：________________	□	□
17. 美国废料回收工业协会不觉得中国禁止进口洋垃圾的做法有什么特别。 理由：________________	□	□

对　错

18. 中国“洋垃圾”禁令后，其他进口洋垃圾的国家的进口规定变得越来越宽松。 □ □

理由：______

五、根据文章的内容，从右边选出最合适的结尾来完成左边的短句。（4 分）

19. 近年来，中国一直在 □

20. 中国的“洋垃圾”禁令 □

21. 中国禁止进口“洋垃圾”一年后， □

22. 越来越多的机构和个人已深深意识到，经济增长 □

A. 原本洋垃圾的主要出口地从中国转向东南亚。

B. 禁令对中外部分企业和行业带来冲击。

C. 计划在三年内逐步停止进口所有类型的塑料。

D. 这形成于中国特定的历史时期。

E. 2017 年越南和印尼的资源垃圾进口量同比增长 60% 以上。

F. 不应以破坏环境为代价。

G. 有助于促使各国改进垃圾分类的设施和技术。

H. 中国是全球废料的主要流向国之一。

I. 纠正以前宽松的政策所带来的问题。

听力练习

一、根据录音内容，回答下面的问题。（5分）

1. 中国蔬菜最大的买家是哪个国家？

____

2. 2016年，中国可可的总出口额是多少？

____

3. 娃哈哈公司是中国最著名的哪种企业之一？

____

4. 2016年，中国锌的出口量增长了多少？

____

5. 到目前为止，世界上一共有多少个国家把人类送上了太空？

____

二、根据录音内容，选择正确答案。（5分）

6. 中国目前每年的蔬菜出口额已经达到______美元。 □

A. 3.1亿　　B. 22亿

C. 30亿　　D. 106亿

7. 2016年，中国可可总出口额比上一年增长了_____。 □

A. 52%　　B. 53%

C. 95%　　D. 120%

8. 2016年，中国饮料出口额为_____美元。 □

A. 3.1亿　　B. 22亿

C. 30亿　　D. 106亿

9. 2016年，中国锌出口量在中国出口增速榜排第几名？ □

A. 第一　　B. 第二

C. 第三　　D. 第四

10. 在航空航天方面，中国除了向其他国家出口航天技术，还出口什么？ □

A. 飞机　　B. 火车

C. 巴士　　D. 地铁

三、根据录音内容，判断下列说法的对错。（5分）

11. 中国是世界第一大出口国。 □

12. 中国蔬菜主要出口到美国和加拿大。 □

13. 可可豆可以添加到护肤品中。 □

14. 中国饮料出口只包括茶饮料。 □

15. 2016年，中国出口增速第一名的是航空航天技术。 □

听力文本

中国出口增速最快的五大产品

中国是世界第一大出口国，那么，中国哪些出口产品增速最快呢？我们来看一下2016年的数据。

排名第五的是蔬菜。中国目前每年的蔬菜出口额已经达到106亿美元，2016年的出口额比之前增长了52%。中国蔬菜主要出口到一些相邻国家或区域，例如，印尼、越南、泰国、马来西亚、日本、俄罗斯、菲律宾和韩国等。印度尼西亚是中国最大的买家。

第四名是可可。2016年的可可总出口额为30亿美元，较之前增长了53%。可可豆除了可用来制造成可可汁、可可粉、糖果和巧克力，还可以添加到护肤品中。

排名第三的是饮料。2016年饮料出口额为22亿美元。你可能只知道中国出口了很多茶叶，但是不知道中国还大量出口各类饮品，包括啤酒、牛奶饮料、咖啡、酒和能量饮料。娃哈哈公司就是中国最著名的饮料企业之一。

排名第二的是锌。2016年，中国的锌出口量增长了95%。虽然增幅大，但出口总金额只

有3.1亿美元，相对其他产品来说并不算高。

中国出口增速第一名的是中国的航空航天技术。中国正在向其他国家大量出口飞机和航天技术，2016年出口额已达34亿美元，比2012年增长了120%。中国是世界上仅有的三个成功把人类送上太空的国家之一，卓越的成就令中国航空航天技术成为中国新的主要出口产业。对于其他正在奋力建造航空航天产业的国家来说，中国正向他们大量出口相关技术。

练习答案

阅读

1. C　2. B　3. B　4. C　5. C

6. 禁令　7. 暴利　8. 堆积　9. 转型　10. 再生

11. 同比增长 60% 以上

12. 2021 年前

13. 三年内

14. 对。中国自 2018 年 1 月 1 日起开始实施“洋垃圾”禁令，即全面禁止进口废塑料、未经分拣的废纸、纺织废料、钒渣等 4 类 24 种固体废物。

15. 对。但是当禁令真正实施时，一些国家还是陷入了“混乱”，有些地方因为废料无法运出，造成垃圾堆积如山。

16. 错。20 世纪八九十年代，中国经济高速发展……但当时的中国垃圾分类技术还不成熟，只能依靠人工分拣，将无价值的垃圾焚烧，导致生态环境严重受损。

17. 错。美国废料回收工业协会甚至将这个现象形容为“灾难性的”。

18. 错。除东南亚国家外，印度的进口也在增加，但这些进口洋垃圾的国家的进口规定也变得越来越严格。

19. I　20. G　21. A　22. F

听力

1. 印度尼西亚　2. 30 亿美元　3. 饮料企业　4. 95%　5. 3 个

6. D　7. B　8. B　9. B　10. A

11. 错　12. 错　13. 对　14. 错　15. 对

并非偶然的“毛乌素奇迹”

阅读文本

并非偶然的“毛乌素奇迹”

近来，有一件中国人默默做了半个世纪的事情突然在社交媒体上刷屏：中国四大沙地之一的毛乌素沙漠快要被消灭了，取而代之的是即将成型的“毛乌素森林”。

毛乌素沙漠地处中国陕西和内蒙古交界，曾经是一个名副其实的“魔鬼之地”。半个世纪前，这里的人们一出生就要忍受沙灾。他们出门要用铁锹铲除堵住大门的黄沙，更为严重时，他们居住的房屋一不留神就会被沙暴掩埋。

1959 年起，饱受折磨的人们开始了与沙漠的顽强斗争。人们兴建防风林带，引水拉沙造田。农民石光银当年卖掉了自家赖以生存的 84 只羊和一头骡子，筹来买树苗的钱。几十年间，他在 63 公里长的沙漠边缘种下了 6 公里宽的一个绿带，种下的树木达到 4000 万株。农民殷玉珍刚从外地嫁到毛乌素沙漠时，发现 40 多天才有一个人从她家门口经过。“难得一见”的脚印变得十分珍贵。殷玉珍拿脸盆把脚印扣住，以缓解沙海中无尽的寂寞。她坚守在这里种树，一种就是 30 年。

经过几十年的改造工程，一片片绿色从黄沙中生长出来。如今，这里有科学配比的沙土农田，

有成群结队的牛羊，甚至有了高速公路。

“毛乌素荒漠化治理”创造了一个奇迹，但它并不是一个偶然，而是千千万万人的坚守、奉献和长期、科学、精准的政策和措施的结果。以前毛乌素治沙只是种草、种树，到了20世纪八九十年代，水资源开发、治理等形成了科学规划。现在，通过开发小经济林和沙区经济圈，这里的人们也实现了脱贫致富。

作为世界上荒漠化面积最大的国家之一，多年来，中国的沙化土地面积连年缩减，治沙成果受到全世界的称赞。我们期待更多的“毛乌素奇迹”出现在地球家园。

阅读练习

一、根据文章第一段到第四段的内容，从下面各说法中选出五个正确答案。请把答案写在方框里。（5分）

1.________	2.________	3.________	4.________	5.________

A. 毛乌素沙漠在中国的陕西境内。

B. 毛乌素沙漠因为没有居民而被称为“魔鬼之地”。

C. 从20世纪50年代末起，当地人开始了治理沙漠。

D. 农民石光银为了买树苗卖掉了自家赖以生存的羊和骡子。

E. 经过大家几十年的努力，当年的沙漠现在有了绿化带。

F. 农民石光银家原来有牛有羊，现在什么都没了。

G. 农民殷玉珍不是本地人。

H. 殷玉珍没见过脚印。

I. 农民殷玉珍已经在沙漠住了30多年。

二、从文章中找出与下面各项意思最接近的词语。（5 分）

6.【第一段】代替 ______

7.【第二段】真正的 ______

8.【第三段】依靠它来生活 ______

9.【第四段】排着队，很多 ______

10.【第五段】出乎意料的 ______

三、根据文章第一段和第二段，回答下面的问题。（4 分）

11. 毛乌素沙漠治理已经进行了多久？

______

12. 现在的毛乌素沙漠有了一个什么新的名字？

______

13. 沙灾引起的后果有哪两个？

（1）______

（2）______

四、根据文章的第三段，判断下列说法是对还是错，并用文中内容说明理由。（5分）

	对	错
14. 改造沙漠的其中一项措施就是种很多树。 理由：________________	□	□
15. 几十年来，石光银种的树达 6 公里长。 理由：________________	□	□
16. 殷玉珍来到毛乌素是因为她和当地人结了婚。 理由：________________	□	□
17. 殷玉珍的家非常偏僻，几乎没人从她家门口经过。 理由：________________	□	□
18. 殷玉珍在毛乌素沙漠种了 30 年的树。 理由：________________	□	□

五、根据文章第四段到第六段的内容，从右边选出最合适的结尾来完成左边的短句。（4分）

19. "毛乌素沙漠治理"创造了 □

20. 多年来，中国的沙化土地面积 □

21. 中国是世界上 □

22. 我们期待更多的"毛乌素奇迹" □

A. 沙漠变绿洲的奇迹。

B. 有了高速公路。

C. 出现在地球家园。

D. 连年缩减。

E. 只是种草、种树。

F. 实现了脱贫致富。

G. 荒漠化面积最大的国家之一。

六、根据文章的内容，把下面的段落和正确的段落大意搭配起来。（2分）

23. 第三段 □

24. 第六段 □

A. 毛乌素荒漠化治理成功是一个偶然

B. 毛乌素沙漠曾经是一个名副其实的"魔鬼之地"

C. 中国的治沙成果受到全世界的称赞

D. 如今的毛乌素沙漠有农田、牛羊和高速公路

E. 毛乌素沙漠的当地人通过种树与沙漠斗争

听力练习

一、根据录音内容，回答下面的问题。（5分）

1. 湘江穿过湖南省的哪座城市？

____

2. 湖南全省有多少人住在湘江流域？

____

3. 浙江绍兴是一个什么样的城市？

____

4. 福建莆田在中国的哪个位置？

____

5. 以前，莆田曾多次遭受什么自然灾害？

____

二、根据录音内容，选择正确答案。（5分）

6. 江河湖泊带来的水资源_____。 □

A. 对畜牧业生产有利　　B. 对工业生产有利

C. 对农业生产有利　　D. 对制造业有利

7. 人口过密会带来什么问题？ □

A. 水污染　　B. 空气污染

C. 光污染　　D. 噪音污染

8. 绍兴位于中国的哪个地区？ □

A. 杭州湾以北　　B. 南岸

C. 东北　　D. 江南

9. 莆田的“木兰溪”又被称为____。 □

A. 母亲河　　B. 变脸

C. 变害为利　　D. 造福人民

10. 中国人认为国家的地理概念可以统称为_____。 □

A. 金山银山　　B. 珍贵财富

C. 文化血脉　　D. 山河

三、根据录音内容，判断下列说法的对错。（5分）

11. 不同的地理气候可以导致不同的文化性格特征。 □

12. 河流流经的地方会出现一座座乡村。 □

13. “水面不时飘过一艘乌蓬船”是福建的景象。 □

14. 莆田每年都会刮台风。 □

15. 有白鹭在浙江莆田的木兰溪栖息。 □

听力文本

河流与城市发展

一方水土养一方人，意思就是不同地方的人由于环境的不同、生存方式的不同、地理气候的不同，导致思想观念和文化性格特征也不同。江河湖泊带来的水资源不仅为农业的发展带来了希望，河流流经的地方更出现了一座座繁荣的城市，衍生出了不同的地域文化。城市因河流而兴起，也因河流而繁荣。

湖南长沙，湘江穿流而过，河网密布。湖南全省近60%的人口居住在湘江流域。江河支撑起市镇的繁华，却也因人口的聚集带来了严重的水污染问题。对此，长沙市针对城市与农村的不同特质，采取了相对应的治理措施。通过综合治理，很多河流变成了水清、岸绿、景美的生态河。

浙江绍兴是一座坐落于杭州湾南岸的水上城市。水孕育了绍兴灿烂的文化，造就了绍兴的繁荣发展。为了守护好这一方碧水，绍兴开展了多场“治水战役”。如今，这里的河水和湖水焕然一新，古桥下河水静静流淌，水面不时飘过一艘乌篷船。山清水秀、白墙青瓦，好一派诗画江南的景象。

福建莆田是中国南方的沿海城市。每年夏天都会有来自太平洋的台风暴虐地吹过这里。曾经，莆田的“母亲河”木兰溪会在台风季节“变脸”，造成洪水灾害，湍急的河流冲过堤坝，淹没家园。现在的木兰溪经过一系列工程的改造，已“变害为利，造福人民”。水质环境的改善让河流和湖泊保持了自然原生态，白鹭在此栖息，也让人们日常休闲有了更好的去处。

在中国人的观念中，国家的地理概念可以统称为“山河”。山河不仅是中国人生存的依托，更连接着中国人的文化血脉。面对环境和发展的矛盾，“绿水青山就是金山银山”是中国人给出的答案。只有让这片山河更加美好，才能不负往者，也造福来者。

练习答案

阅读

1. C　2. D　3. E　4. G　5. I

6. 取而代之　7. 名副其实　8. 赖以生存　9. 成群结队　10. 偶然

11. 半个世纪　　12. 毛乌素森林

13.（1）黄沙堵住大门（2）房屋一不留神就会被沙暴掩埋

14. 对。兴建防风林带

15. 错。他在 63 公里长的沙漠边缘种下了 6 公里宽的一个绿带。

16. 对。从外地嫁到毛乌素沙漠

17. 对。40 多天才有一个人从她家门口经过。

18. 对。她坚守在这里种树，一种就是 30 年。

19. A　20. D　21. G　22. C

23. E　24. C

听力

1. 长沙

2. 60% / 百分之六十

3. 水上城市

4. 南方

5. 洪水

6. C　7. A　8. D　9. A　10. D

11. 对　12. 错　13. 错　14. 对　15. 错

亚洲何以成为人类文明的摇篮？

阅读文本

亚洲何以成为人类文明的摇篮？

人类历史上很多杰出的艺术、文学及科学巨匠都来自欧洲，但事实上亚洲对于人类文明的贡献并不亚于欧洲。西亚曾被看作西方文明的发源地。据史料记载，古希腊人及古罗马人与西亚的古巴比伦人及希伯来人有着很紧密的联系。

首先，亚洲人创造出的宗教和科学对于西方文化有着很深远的影响。例如：古希腊神话就是从古巴比伦神话中借鉴了人物形象和故事内容；另外，古巴比伦人创造出的计时仪器和天文历法也都被古希腊人所沿用。

亚洲文化的繁荣也带来了经济的强盛。500多年前，中国和印度就已经成为世界经济中心。中国是当时全球丝绸及瓷器的主要产地。历史学家认为，17至18世纪，世界工业及经济中心位于亚洲，而非欧洲。其中，拥有璀璨文化的中国为欧洲提供了非常多的文明之鉴。

欧洲历史学家约翰·霍布森说："中国在12至19世纪期间创造了世界第一次伟大的工业奇迹。这个人口大国所创造的哲学、数学及中药通过西行使团传到了欧洲。"

直到现在，重建文化自信依然是亚洲各国不断努力的目标，这需要所有亚洲人民的共同努力。

阅读练习

一、根据文章的内容，从下面各题的四个选项中选出正确答案。（5分）

1. 文中列举的来自欧洲的巨匠不包括哪个领域的？ □

A. 艺术　　B. 文学

C. 宗教　　D. 科学

2. 有人认为，西方文明的发源地位于______。 □

A. 东亚　　B. 西亚

C. 古希腊　　D. 古罗马

3. 对西方文化产生深远影响的包括______。 □

A. 美术　　B. 戏剧

C. 医药　　D. 宗教

4. 500 多年前，中国是当时全球______。 □

A. 陶器和瓷器的主要产地　　B. 瓷器和丝绸的主要产地

C. 陶器和丝绸的主要产地　　D. 以上答案都不正确

5. 17 到 18 世纪，哪里是世界工业和经济的中心？ □

A. 东欧　　B. 西亚

C. 欧洲　　D. 亚洲

二、从文章中找出与下面各项意思最接近的词语。（5 分）

6.【第一段】在某个领域内取得杰出成就的人 ______________

7.【第二段】继续使用 ______________

8.【第三段】光亮鲜明 ______________

9.【第四段】罕见的不平凡的事情 ______________

10.【第五段】对自身文化价值持有坚定的信心 ______________

三、根据文章内容，回答下面的问题。（4 分）

11. 古希腊人使用的天文历法来源于何处？

____

12. 500 多年前，亚洲文化的繁荣给人类社会带来了什么影响？

____

13. 欧洲历史学家约翰·霍布森认为，中国在 12 至 19 世纪期间创造了什么？

____

14. 现在亚洲各国不断努力的目标是什么？

____

四、根据文章第二段到第四段的内容，判断下列说法是对还是错，并用文中内容说明理由。（3分）

	对	错
15. 欧洲人创造出的科学对于西方文化有很深远的影响。 理由：________________	□	□
16. 拥有多彩文化的中国对欧洲文明的发展有很大影响。 理由：________________	□	□
17. 中国的哲学和中药都是通过西行使团传到欧洲去的。 理由：________________	□	□

五、根据文章的内容，从右边选出最合适的结尾来完成左边的短句。（5分）

18. 亚洲对于人类文明的贡献 □

19. 古希腊神话就是从古巴比伦神话中 □

A. 借鉴了人物形象和故事内容。

B. 强盛的国家。

C. 并不亚于欧洲。

D. 是亚洲各国努力的目标。

20. 中国和印度在 500 多年前就已经 □

21. 中国在 12 至 19 世纪期间创造了 □

22. 现在，重建文化自信 □

E. 成为了世界经济中心。

F. 一次伟大的工业奇迹。

G. 提供了非常多的文明之鉴。

H. 需要亚洲人民的共同努力。

六、根据文章的内容，把下面的段落和正确的段落大意搭配起来。（3 分）

23. 第一段 □

24. 第三段 □

25. 第五段 □

A. 亚洲人创造出的宗教和科学对于西方文化有着很深远的影响

B. 中国在 12 至 19 世纪期间创造了世界第一次伟大的工业奇迹

C. 重建文化自信依然是亚洲各国不断努力的目标

D. 亚洲文化的繁荣也带来了经济的强盛

E. 亚洲对于人类文明的贡献并不亚于欧洲

听力练习

一、根据录音内容，回答下面的问题。（5分）

1. 我们今天吃的葡萄已经有多少年的历史了？

____

2. 我们今天吃的葡萄原产于哪里？

____

3. 除了北非和南美，葡萄后来还传到了哪里？

____

4. 西汉使者张骞出使西域是在哪一年？

____

5. 古丝绸之路的开启是以什么为标志的？

____

二、根据录音内容，选择正确答案。（5分）

6. 张骞把关于葡萄的事情告诉了_____。 □

A. 皇帝　　B. 西汉使者

C. 宫女　　D. 汉人

7. 对葡萄口感最准确的描述是？ □

A. 酸酸的　　B. 又苦又涩

C. 醇厚　　D. 清甜

8. 首先学会酿制葡萄酒技术的人是_____。 □

A. 游牧民族　　B. 西汉使者

C. 汉人　　D. 达官贵族

9. “物以稀为贵”的意思是_____。 □

A. 稀释的物体价钱非常贵

B. 数量非常少的东西就极其珍贵

C. 物品稀释了就非常贵

D. 以上没有正确答案

10. 中国第二次派使团前往西域是在哪个朝代？ □

A. 西汉　　B. 宋朝

C. 唐朝　　D. 清朝

三．根据录音内容，判断下列说法的对错。（5 分）

11. 唐朝中国使团带回来的葡萄酒酿酒技术更加先进。 □

12. 中国人第一次酿造的葡萄酒味道很甜。 □

13. 后来葡萄酒不再是达官贵族的专享。 □

14. 中国是法国葡萄酒最大的进口国。 □

15. 中国美食是中国与其他国家文化交流的纽带。 □

听力文本

葡萄的丝路迁徙记

我们今天常吃的葡萄原产于5000–7000年前的欧洲大陆。后来，这个紫色的“小玻璃球”传到了西亚、北非和南美。

实际上，葡萄在前往东亚的旅途上并不是一帆风顺的。当时葡萄被扣留在西域游牧民族手中，所以一直没有传入中原地区。

大约2000年前，西汉使者张骞出使西域经过游牧民族地区。正是这次出使西域开启了古丝绸之路。到达西域后，张骞被一种很特殊的水果吸引，这种水果就是葡萄。张骞回到皇宫后，向皇上禀告途中的所见所闻，提到了葡萄这种口感清甜的水果。不久，葡萄种子从西域传进了中原地区，并在皇宫周围开始种植起来。

汉人很快学会了酿制葡萄酒的技术，但那时候酿出来的酒又苦又涩，而且数量非常少。虽然如此，物以稀为贵，那些用葡萄酿制出来的酒极其珍贵，只有贵族才能喝得到。

800年以后的唐朝，又有一个中国使团前往西域，并从西域带回了更加先进的酿酒技术。

用新的技术酿出来的葡萄酒口感变得醇厚，味道更甜，产量也提高了。从此，葡萄酒开始走进中国千家万户。

今天，中国也从世界各地进口葡萄酒。其中，法国、智利和格鲁吉亚是中国重要的葡萄酒进口国。2015 年，中国开始对智利葡萄酒实现零关税，并成为了智利葡萄酒最大的进口国。

数个世纪以来，中国人对美食的热爱从未改变。美食不仅是贸易往来的重要组成部分，也成为了不同国家间文化的纽带。

练习答案

阅读

1. C　2. B　3. D　4. B　5. D

6. 巨匠　7. 沿用　8. 璀璨　9. 奇迹　10. 文化自信

11. 古巴比伦

12. 经济的强盛

13. 世界第一次伟大的工业奇迹

14. 重建文化自信

15. 错。亚洲人创造出的科学对于西方文化有很深远的影响。

16. 对。拥有璀璨文化的中国为欧洲提供了非常多的文明之鉴。

17. 对。（中国）这个人口大国所创造的哲学、数学及中药通过西行使团传到了欧洲。

18. C　19. A　20. E　21. F　22. D

23. E　24. D　25. C

听力

1. 5000–7000 年

2. 欧洲（大陆）

3. 西亚

4. 大约 2000 年前

5. 张骞出使西域

6. A　7. D　8. C　9. B　10. C

11. 对　12. 错　13. 对　14. 错　15. 对

对话让亚洲文明更精彩

阅读文本

对话让亚洲文明更精彩

2019年5月，亚洲文明对话大会在北京举行。来自亚洲多个国家的领导人和政府官员、国际组织负责人、文化领域代表等参加了大会。大会上，各国嘉宾以文明为关键词，共同探讨治国理政的经验及文化多样性等话题。与大会同时举行的亚洲文化嘉年华、亚洲美食节、亚洲影视周更是精彩纷呈。

亚洲，这片占世界总面积三分之一的陆地上居住着全球三分之二的人口，共有47个国家、1000多个民族以此为家。正如平原与山川不同，河流和沙漠相异，多样的文化也各具魅力。这次亚洲文明对话大会为亚洲各国搭建了一个文化交流的平台。在大会上，中国代表呼吁各国相互尊重、平等相待，开放包容、互学互鉴，与时俱进、创新发展。

亚洲文明对话大会的成功举行是与亚洲各个国家多年来的文化交流分不开的。比如：日本舞团将中国故事《白毛女》改编为芭蕾舞剧演出数十年，中国博物馆以巡展形式接力保护阿富汗国宝……这些交往是亚洲文明对话大会举办的基础，而大会又更为系统化、规模化、深层次地继续推进文明交流。

历史上，中华文明本身就是在与其他文明不断交流中形成的开放体系。改革开放政策实施后的全方位的开放更令中国受益匪浅，同时也令中国深刻地意识到交流和合作才是实现多赢的良策。“一带一路”倡议、中非合作论坛……

这些都为中国和世界带去了新的发展机遇。

中国是文明古国，自古就有“和同之辩”的说法。“和”指的是多样性，“同”指的是单一性，只有多样性才能推动发展，单一性则会阻碍发展。其实，推动扩大亚洲文明间的交流，既要扎根于亚洲文明交流的丰富历史，更要尊重亚洲各国文明的不同理念。因此，要真正实现亚洲文明交流，需要亚洲国家共同努力，一起创造亚洲文明和世界文明的美好未来。

阅读练习

一、根据文章的内容，完成下面的表格。（5 分）

亚洲文明对话大会			
举办月份	1.__________	举办地点	2.__________
来自亚洲多个国家的领导人和政府官员、国际组织负责人、文化领域代表等参加了大会			
大会的关键词	3.__________		
讨论的两个话题	4.__________		
	5.__________		

二、从文章中找出与下面各项意思最接近的词语。（4 分）

6.【第一段】对来宾的尊称 __________

7.【第二段】吸引人、感动人的力量 __________

8.【第二段】跟上时代的步伐 __________

9.【第三段】事物发展的根基或起点 __________

三、根据文章第四段和第五段，回答下面的问题。（4 分）

10. 要实现多赢，哪两个因素是关键？

____

11.“和同之辩”里的“和”是什么意思？

____

12. 推动扩大亚洲文明间的交流，有哪两个重要因素？

____

13. 要真正实现亚洲文明交流，需要谁共同努力？

____

四、根据文章内容，判断下列说法是对还是错，并用文中内容说明理由。（5 分）

	对	错
14. 亚洲文明对话大会的主题是文化多样性。	□	□
理由：______________________________		

	对	错
15. 大会期间还放映了亚洲各国的电影。	□	□
理由：______________________________		

对　错

16. 亚洲地区一共有 1000 多个国家。 □ □

理由：

____

17. 亚洲各国多年来一直持续开展文化交流。 □ □

理由：

____

18. 中国的改革开放政策令中国得到了很多好处。 □ □

理由：

____

五、根据文章第四段和第五段的内容，从右边选出最合适的结尾来完成左边的短句。（4 分）

19. 来自亚洲多个国家的领导人 □

20. 这次大会为亚洲各国 □

21. 中国代表呼吁 □

22. 文化交流和相互交往是 □

A. 搭建了一个文化交流的平台。

B. 亚洲文明对话大会举办的基础。

C. 在京举行。

D. 参加了亚洲文明对话大会。

E. 成功举行。

F. 各国要相互尊重、平等相待。

G. 新的发展机遇。

六、根据文章的内容，把下面的段落和正确的段落大意搭配起来。（3分）

23. 第一段	□	A. 亚洲文明对话大会的成功举行，是与亚洲各个国家多年文化交流分不开的
24. 第三段	□	B. 真正实现亚洲文明交流，需要亚洲国家共同努力
25. 第四段	□	C. 中国意识到交流和合作才是实现多赢的良策
		D. 亚洲文明对话大会在北京举行
		E. 亚洲文明对话大会为亚洲各国搭建了一个文化交流的平台

听力练习

一、根据录音内容，回答下面的问题。（5分）

1. 哪种形式的养老院已经成为中国养老的新时尚？

____

2. 生活不便的老人想叫外卖和清扫屋子，该怎么做？

____

3. 到2018年底，中国60岁以上的老年人口有多少？

____

4. “世界人口日”设立的目的是什么？

____

5. “世界人口日”是在什么时候设立的？

____

二、根据录音内容，选择正确答案。（5分）

6. 下面哪个选项在录音中没有提到？ □

A. 手机购物　　B. 手机查资料

C. 手机叫车　　D. 手机叫外卖

7. “虚拟养老院”指的是_____。 □

A. 互联网上的养老平台　　B. 假的养老院

C. 信息数据养老院　　D. 可以提供医疗需求的养老院

8. 中国社会对待老人的态度是_____。 □

A. 孝敬老人　　B. 晚辈赡养

C. 尊老敬老　　D. 以上三个选项都包括

9. 预计到 2050 年，中国 60 岁以上的老人占中国总人口的比例是多少？ □

A. 大约 1/3　　B. 大约 1/4

C. 大约 1/5　　D. 大约 1/6

10. 互联网技术有助于_____。 □

A. 老人网上学习　　B. 发展老年大学

C. 实现居家养老　　D. 实现线上养老

三、根据录音内容，判断下列说法的对错。（5 分）

11. 在中国生活的人都觉得手机购物很平常。 □

12. 虚拟养老院不真实，不能真正帮到老人。 □

13. 中国的老年人喜欢在自己家里养老。 □

14. 中国现在没有几个老年人日间照料中心。 □

15. 现在中国有一些老人喜欢跟朋友抱团养老。 □

听力文本

我们怎么应对老龄化问题

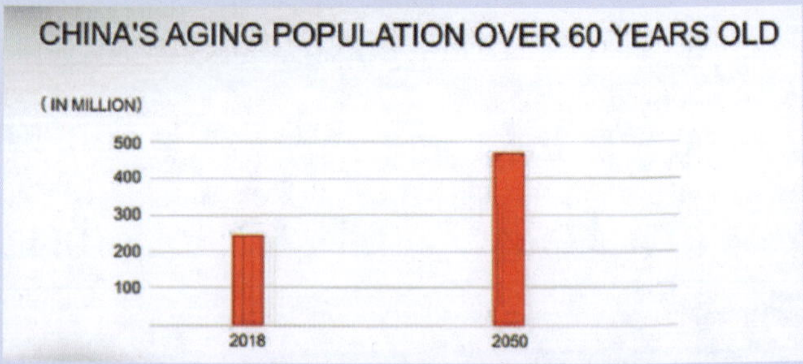

如果你生活在中国，你一定早已对手机购物、手机叫车、手机点外卖等移动互联网的普及和应用司空见惯，习以为常。近些年来，在中国的城市里，移动互联网开始走进了老年人的世界，帮助中国人养老。“没有围墙的养老院”已经成为中国养老的新时尚。

在兰州、西安、昆明等很多城市，生活不便的老人在自己家中只需“一键呼叫”，就有人上门帮助他们清扫屋子、送餐、洗澡护理、维修家电、代购食品，等等。这就是在中国逐渐流行起来的“没有围墙的养老院”。“没有围墙的养老院”也叫“虚拟养老院”，它实际上是一个线上养老平台，政府牵头，商家入驻，为老人提供便捷的上门服务。再配合上信息数据库的建立，对于有医疗需求的老人，平台会迅速联系附近的医院，同时将信息送到老人的子女和社区人员手里。

中国是一个有着深厚养老传统的国家。古人云，“老吾老以及人之老”，体现的就是中国晚辈赡养、孝敬老人，全社会尊老敬老的观念和风尚。所以，在中国，家庭养老既是文化，也是绝大多数老年人的意愿。

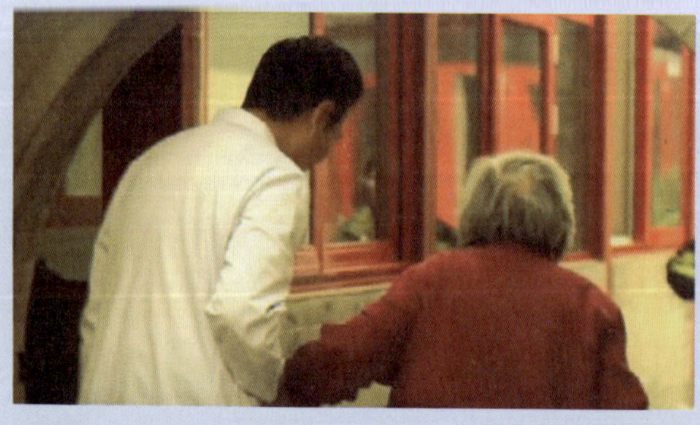

而当前，中国面临着人口老龄化的巨大挑战。数据显示，到2018年底，中国60岁以上的老年人口约2.5亿，预计到2050年，这个数字将达到4.87亿，

这意味着每3个人里就有一个是60岁以上的老人。

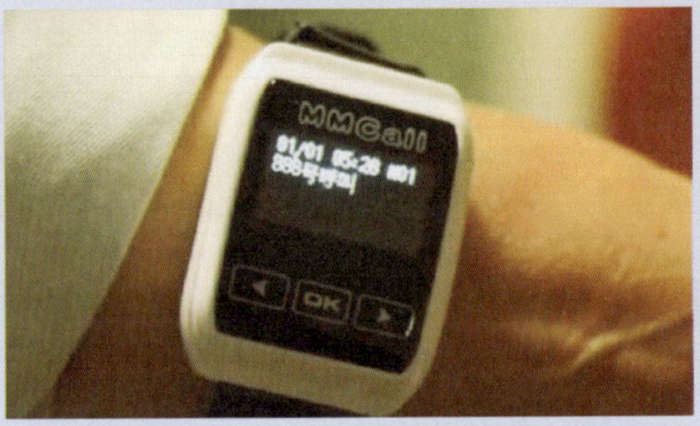

利用互联网技术整合社会养老资源，让越来越多的老人实现居家养老，是中国养老事业的创新，它也从政策上对中国的传统观念给予了最大的关照。

7月11日是世界人口日，当初联合国设立这样一个日子，是为了引起国际社会对人口问题的重视。30多年过去了，如今人口老龄化是全球面临的重大问题之一。

现在，中国各地都增加了老年人托养中心和日间照料中心。与此同时，中国老年人的生活也越来越精彩。有的老年人退休后选择背包旅游，也有的约上好友、同伴，租一栋房子，同吃同住，“抱团养老”。

中国应对老龄化问题的探索仍在继续，相信在政府、社会和企业的共同努力下，中国的老人们能真正做到老有所养、老有所终。

练习答案

阅读

1. 2019 年 5 月　2. 北京　3. 文明　4. 治国理政的经验

5. 文化多样性

6. 嘉宾　7. 魅力　8. 与时俱进　9. 基础

10. 交流和合作

11. 多样性

12. 既要扎根于亚洲文明交流的丰富历史，更要尊重亚洲各国文明的不同理念。

13. 亚洲国家

14. 错。以文明为关键词

15. 对。与大会同时举行的亚洲影视周更是精彩纷呈

16. 错。共有 47 个国家、1000 多个民族

17. 对。是与亚洲各个国家多年来的文化交流分不开的

18. 对。改革开放政策实施后的全方位的开放更令中国受益匪浅

19. D　20. A　21. F　22. B

23. E　24. A　25. C

听力

1. 没有围墙的养老院 / 虚拟养老院

2. 一键呼叫

3. 2.5 亿

4. 引起国际社会对人口问题的重视

5. 30 多年前

6. B　7. A　8. D　9. A　10. C

11. 对　12. 错　13. 对　14. 错　15. 对

开放贸易与合作的进博会

阅读文本

开放贸易与合作的进博会

2018年11月，首届中国国际进口博览会（简称：进博会）在上海举行。中国国际进口博览会是世界上第一个以“进口”为主题的大型国家级展会，参展企业和商品100%来自中国境外，中国企业则主要参与采购和交易。

如今，中国的消费市场已经具有了“世界市场”的规模和潜力，中国愿意向世界开放怀抱，成为各国的出口目的地。

立陶宛是首届进博会第一个签约的参展国，总统达莉娅亲自率团参展。达莉娅说：“在当前的国际贸易形势下，特别是当我们看到一些跨国贸易出现了紧张局势、某些地区和国家采取孤立政策时，中国的这一倡议独特又新鲜。回到10年前，不会有人想到中国会站到开放贸易、开放合作的最前沿。”

当前全球经济出现波折，各个国家都在寻找应对之道。中国的政策是坚定不移地扩大开放，与各国合作共赢，构建人类命运共同体。中国有一句古话，“独乐乐不如众乐乐”。在当今时代，如果依靠贸易保护主义，恐怕连“独乐乐”也将难以达成。

首届进博会共有172个国家、地区和国际组织参会，3600多家企业不远万里，带着自己最新、最优的产品参展。除了各国的传统特产、尖端的科技装备外，参展商们也为展示品牌形象

带来了奇珍异宝。令大会主办方欣慰的是，第一届进博会还没有落幕，不少企业就已经签约参展第二届了。

阅读练习

一、根据文章的内容，从下面各题的四个选项中选出正确答案。（5分）

1. 参加首届中国国际进口博览会的参展商有多少来自海外？ □

A. 不到一半　　B. 一半

C. 一大半　　D. 全部

2. 中国国际进口博览会是一个_____。 □

A. 省市级展会　　B. 国家级展会

C. 世界级展会　　D. 以上没有正确答案

3. 哪个国家第一个签约参加首届中国国际进口博览会？ □

A. 中国　　B. 立陶宛

C. 达莉娅　　D. 172 个国家

4. “独乐乐不如众乐乐”的意思是_____。 □

A. 独自一个人笑不如和大家一起笑

B. 很多人的音乐比一个人的音乐好听

C. 一个人欣赏某物不如和大家一起欣赏某物来得快乐

D. 以上解释都有道理

5. 第二届进博会什么时候开始报名签约？ □

A. 第一届进博会结束后　　B. 明年的这个时间

C. 等进博会举办方通知　　D. 随时

二、从文章中找出与下面各项意思最接近的词语。（4 分）

6.【第二段】有可能的但还没有发挥出来的能力 ________

7.【第三段】与众不同的 ________

8.【第四段】曲折变化 ________

9.【第五段】喜悦而心安 ________

三、根据文章第三段至第五段，回答下面的问题。（4 分）

10. 达莉娅是谁？

____

11. 达莉娅是怎么评价 10 年前的中国的？

____

12. 全球经济出现波折时，中国的政策是什么？

____

13. 首届进博会参展商为展示品牌形象带来了什么？

____

四、根据文章内容，判断下列说法是对还是错，并用文中内容说明理由。（5分）

	对	错
14. 第一届中国国际进口博览会的举办地是北京。 理由：______	□	□
15. 中国企业没有参与进博会的工作。 理由：______	□	□
16. 中国愿意给世界各国的出口商品提供“世界市场”。 理由：______	□	□
17. 这次进博会共有 172 个国际组织参会。 理由：______	□	□
18. 参加这次进博会的企业差不多有 3600 家。 理由：______	□	□

五、根据文章第四段和第五段的内容，从右边选出最合适的结尾来完成左边的短句。（4分）

19. 由于全球经济出现波折， □

20. 如果依靠贸易保护主义， □

21. 中国不仅要扩大开放， □

22. 除了传统特产， □

A. 坚定不移地站到开放贸易的最前沿。

B. 采取孤立政策。

C. 所以各个国家都在寻找应对之道。

D. 还要与各国合作构建人类命运共同体。

E. 已经具有了"世界市场"的规模。

F. 恐怕连"独乐乐"也将难以达成。

G. 展会上还有尖端的科技装备。

六、根据文章的内容，把下面的段落和正确的段落大意搭配起来。（3分）

23. 第一段 □

24. 第三段 □

25. 第四段 □

A. 首届进博会共有172个国家、地区和国际组织参会

B. 中国的政策是坚定不移地扩大开放，与各国合作共赢，构建人类命运共同体

C. 中国国际进口博览会是世界上第一个以"进口"为主题的大型国家级展会

D. 立陶宛是首届进博会第一个签约参展国，总统达利娅亲自率团参展

E. 中国的消费市场已经具有了"世界市场"的规模和潜力

听力练习

一、根据录音内容，回答下面的问题。（5分）

1.《麦考瑞词典》是哪个国家的词典？

____

2. 引起争议的词条是什么？

____

3. 文迪给词典编辑部写信后多久得到了回应？

____

4. 文迪在几岁时移民澳大利亚？

____

5.《花木兰》真人版电影中木兰的眼睛特征是怎么样的？

____

二、根据录音内容，选择正确答案。（5分）

6.《麦考瑞词典》里“单眼皮”的定义包括_____。 □

A. 金发和雀斑　　B. 懒惰的外观

C. 全部亚洲人的特征　　D. 有褶皱的上眼睑

7. 文迪认为，“单眼皮”应该是_____。 □

A. 负面词　　B. 正面词

C. 标签词　　D. 中性词

8. 谁给文迪写了回信？ □

A.《麦考瑞词典》责任编辑　　B.《麦考瑞词典》监督编辑

C.《麦考瑞词典》总编辑　　D.《麦考瑞词典》小编辑

9. “单眼皮”在一定程度上反映了_____。 □

A. 对欧洲人的刻板印象　　B. 对亚洲人的刻板印象

C. 对澳洲人的刻板印象　　D. 对美洲人的刻板印象

10.《花木兰》里女主角的形象包括_____。 □

A. 勇敢　　B. 大方

C. 聪敏　　D. 健康

三、根据录音内容，判断下列说法的对错。（5分）

11. 词典是对句子进行解释的语言工具。 □

12. 单眼皮是一个形容身体特征的词语。 □

13. 文迪认为《麦考瑞词典》对“单眼皮”的解释不正确。 □

14. 文迪刚移民到国外的时候也受到过种族歧视。 □

15. 不同文化之间不应该存在误解。 □

听力文本

单眼皮？双眼皮？

词典是解释一门语言的词语最重要的基础工具。《麦考瑞词典》是澳大利亚的权威词典。最近，它里面的一个词条引起了争议。这个词条就是“单眼皮”。《麦考瑞词典》将“单眼皮”的定义写成“没有褶皱的上眼睑，部分亚洲人认为这代表无生气或懒惰的外观”。

华裔妈妈文迪认为这种描述非常不恰当。她说：“单眼皮是用来形容身体特征的，与金发、雀斑等没有区别。为什么要给它打上‘无生气’或‘懒惰’的标签呢？”

文迪就此写了一封信给词典编辑部。她写到，“单眼皮”应当是一个中性词，现在的描述可能会让人们对自己或他人的身体形象有负面印象，尤其影响孩子们的心理健康。

可喜的是，文迪一周后就得到了回应。《麦考瑞词典》总编辑亲自回复了邮件，同意她的观点并感谢她的监督。现在，词典中对于“单眼皮”的定义已经变成了“没有褶皱的上眼睑，是许多东亚人的眼部特征。”

《麦考瑞词典》作为一本国民词典，对于“单眼皮”这个词的解释其实在一定程度上反映了澳洲社会对单眼皮形象，或者说对亚洲人的刻板印象。事实上，文迪七岁刚刚移民到澳大利亚的时候，确实曾因自己的黑头发、黑眼睛遭受过种族歧视。

文化各有不同，彼此存在误解也很正常。我们需要更多的“文迪们”

做出细节上的努力，同时，也需要更加深刻、细致地去了解各个族群，在这个基础上才能消除隔阂，也才能去谈“平等”，而非机械、片面地执行“政治正确”。

说回“单眼皮”，当年迪士尼的动画电影《花木兰》里的女主角是单眼皮，但最近将要推出的真人版电影中，木兰的扮演者刘亦菲则是双眼皮。让我们想一想，只要她能够演绎出一个坚毅、聪敏的木兰形象，是单眼皮还是双眼皮又有什么关系呢？不同眼皮、不同肤色、不同发色的人，都需要我们用同样的眼光、平等的心态去对待。

练习答案

阅读

1. D　2. B　3. B　4. C　5. D

6. 潜力　7. 独特　8. 波折　9. 欣慰

10. 立陶宛的总统

11. 回到 10 年前，不会有人想到中国会站到开放贸易、开放合作的最前沿。

12. 坚定不移地扩大开放，与各国合作共赢，构建人类命运共同体

13. 奇珍异宝

14. 错。正在上海热闹举行

15. 错。中国企业则主要参与采购和交易

16. 对。中国愿意成为各国的出口目的地

17. 错。这次进博会共有 172 个国家、地区和国际组织参会

18. 错。3600 多家企业带着自己最新、最优的产品参展

19. C　20. F　21. D　22. G

23. C　24. D　25. B

听力

1. 澳大利亚

2. 单眼皮

3. 一周（后）

4. 七岁/7 岁

5. 双眼皮

6. B　7. D　8. C　9. B　10. C

11. 错　12. 对　13. 对　14. 对　15. 错

绿水青山园博会

阅读文本

绿水青山园博会

2018 年 12 月 6 日，正值广西壮族自治区成立 60 周年大庆之际，第十二届中国（南宁）国际园林博览会（简称：园博会）开幕。这是第一次在冬季举办的园博会，参展商分别来自中国的 44 个城市、“一带一路”沿线国家的 19 个城市及其他东盟国家。

园博会的主题是“交融与共享”。展厅包括马来西亚馆的“雨林回响”、老挝馆的“古城禅意”、印尼馆的“千岛寻梦”、文莱馆的“皇家印象”……西班牙、意大利、日本、法国、阿联酋等国的特色园林景观也汇聚于此，让参观者们可以“一日游亚欧”。

园博会为何选择在中国广西壮族自治区的首府南宁举行？南宁与东盟十国及“一带一路”沿线国家的联系为何如此紧密？

广西位于南海之滨，是中国唯一与东盟国家既有陆地接壤又有海上通道的省级行政区。南宁作为广西的首府，更是辐射连接整个东南亚的重要城市。从 2004 年起，中国东盟博览会的永久举办地就定在了南宁。随后，越来越多的国际性活动也在这里落户。南宁紧紧地抓住这些机遇，与东盟及海上丝绸之路沿线国家在经贸、人文等多领域展开合作，加深友谊，已经从以前的边陲小城逐渐

发展成一座开放的区域性国际城市。

与对外交往同步向前的还有南宁本身的城市建设，这里到处都是“山清水秀生态美”。这届园博会在建设过程中就做到了“不推山、不填湖，保留现有植物”。与此同时，南宁市的重要河流邕江的生态环境也在数年来不断得到改善。

阅读练习

一、根据文章的内容，从下面各题的四个选项中选出正确答案。（5分）

1. 第十二届中国（南宁）国际园林博览会2018年_____。 □

A. 首次在广西壮族自治区举行　　B. 首次在冬天举行

C. 首次在南宁举行　　D. 以上选项没有正确答案

2. 园博会的参展商来自_____。 □

A. 中外63个城市　　B. “一带一路”沿线19个国家

C. 东南亚19个城市　　D. 欧洲19个城市

3. 文中列出来的园博会展馆不包括哪个国家？ □

A. 马来西亚　　B. 印度尼西亚

C. 文莱　　D. 泰国

4. 文中列出来的园博会特色园林景观包括_____。 □

A. 日本　　B. 英国

C. 加拿大　　D. 美国

5. 广西壮族自治区位于中国的_____。 □

A. 北方　　B. 南方

C. 东边　　D. 西边

二、从文章中找出与下面各项意思最接近的词语。（4分）

6.【第二段】融合为一体 ________

7.【第二段】汇合聚积 ________

8.【第四段】两地边境相接，交界 ________

9.【第四段】边境，边疆 ________

三、根据文章第四段和第五段，回答下面的问题。（3分）

10. 广西壮族自治区在地理位置上有什么特点？

____

11. 南宁是一个什么样的城市？

____

12. 从2004年开始，南宁每年都会举办一个什么大型国际性活动？

____

四、根据文章内容，判断下列说法是对还是错，并用文中内容说明理由。（5分）

	对	错
13. 广西壮族自治区在60年前就已经成立了。 理由：________________	□	□
14. 第十二届中国国际园博会的主题是“交融与共享”。 理由：________________	□	□
15. 园博会的参观者可以获发“一日游亚欧”的机票。 理由：________________	□	□
16. 南宁以前只是一个小城市，现在是一个开放的国际城市。 理由：________________	□	□
17. 这次的园博会会场就是在填湖土地上建造的。 理由：________________	□	□

五、根据文章的内容，从右边选出最合适的结尾来完成左边的短句。（3分）

18. 园博会为什么选择 □

19. 现在，越来越多的国际性活动 □

20. 与对外交往同步发展的，□

A. 是第一次在冬季举办。

B. 在广西的首府南宁举行呢?

C. 还有南宁本身的城市建设。

D. 是抓住这些机遇。

E. 人文等多领域展开合作。

F. 都在南宁举办。

六、根据文章的内容，把下面的段落和正确的段落大意搭配起来。（5分）

21. 第一段 □

22. 第二段 □

23. 第三段 □

24. 第四段 □

25. 第五段 □

A. 南宁的城市建设

B. 两个设问句

C. 南宁独特的地理位置

D. 广西壮族自治区成立 60 年大庆

E. 第十二届中国园博会开幕

F. 一日游亚欧

G. 园博会的异国特色

H. 南宁重要河流邕江的生态环境

听力练习

一、根据录音内容，回答下面的问题。（5分）

1. 闲置不用的大件物品包括什么？请举出一个例子。

____

2. 截至2017年底，中国闲置物品交易规模达到多少亿元？

____

3. 二手经济在哪里已经发展得很成熟？

____

4. 为什么现在中国人的闲置物品越来越多？

____

5. 中国一个著名的二手交易平台叫什么？

____

二、根据录音内容，选择正确答案。（5分）

6. 受中国年轻人喜爱的既传统又现代的买卖方式是_____。 □

A. 线下买卖　　B. 小程序平台

C. 跳蚤市场　　D. 二手交易

7. 中国闲置物品交易规模的增长速度为______。 □

A. 每年 3% 以上　　B. 每年 30% 以上

C. 每年 10% 以上　　D. 每年 5% 以上

8. 很多中国人还是习惯______。 □

A. 多消费　　B. 去跳蚤市场

C. 丢掉不用的物品　　D. 纯粹地拥有一件物品

9. 现在，手机被认为是______。 □

A. 奢侈品　　B. 日常用品

C. 贵重物品　　D. 大件物品

10. 给闲置物品“二次生命”的目的是______。 □

A. 环保　　B. 赚钱

C. 分享　　D. 社交

三、根据录音内容，判断下列说法的对错。（5 分）

11. 物品闲置不用，说明不再有人需要了。 □

12. 所有的二手交易都是在网上进行的。 □

13. 中国移动互联网的迅猛发展促进了中国的共享经济。 □

14. 二手经济和共享经济不是一回事。 □

15. 二手经济是消费理念的升级。 □

听力文本

给闲置物品“第二次生命”

环顾四周，你有没有发现闲置不用的物品？小到化妆品、平板电脑、球鞋，大到书桌、衣柜，甚至汽车……这些东西被你视为多余，束之高阁，但可能正是某个人急需的物件。这个人可能是你的邻居，也可能远在千里之外。

为了给闲置物品“二次生命”，中国年轻人中正在流行一种既传统又现代的买卖方式——二手交易。这种交易不再是线下的“跳蚤市场”，而是线上的小程序平台。数据显示，截至2017年底，中国闲置物品交易规模已达5000亿元，并以每年30%以上的速度增长，其中，大部分交易都是在网上进行的。

二手经济在西方已经发展得很成熟。在中国，很多人还是习惯于对一件物品“纯粹的拥有感”，对二手商品有所抗拒。但是，现在人们的心态正在发生转变，造成这种转变的主要因素是中国经济的发展。人们生活水平不断提高，消费增多，闲置物品也随之增多。汽车、手机等物品不再是奢侈品，而是人们必需的日常用品。

现在，环保、公益的理念越来越深入人心。很多人卖二手物品不仅是为了赚钱，更是为了避免浪费，把东西转给更需要的人，给它“二次生命”。人们在买卖二手物品的过程中体验了节约、分享、信任的喜悦，甚至还附带了社交乐趣。中国知名二手交易平台“闲鱼”的创始人谌伟业曾说：“闲鱼创造的价值是几十亿消费之后产生的社会资源的再次利用，是环保的价值、社会进步的价值。”

中国互联网在基础设施和用户方面都具有优势，尤其在移动互联网、电商等领域势头迅猛。这推动了中国共享经济的发展，但也产生了不少问题。

二手经济也属于共享经济的一种，相信它的发展会吸取此前的经验教训，通过技术和理念的革新来破解难题，让更多人更放心地投入这场消费理念的升级。

练习答案

阅读

1. B　2. A　3. D　4. A　5. B

6. 交融　7. 汇聚　8. 接壤　9. 边陲

10. 中国唯一与东盟国家既有陆地接壤又有海上通道的省级行政区。

11. 广西的首府，辐射连接整个东南亚的重要城市。

12. 中国东盟博览会

13. 对。正值广西壮族自治区成立60周年大庆之际

14. 对。园博会的主题是“交融与共享”。

15. 错。……等国的特色园林景观也汇聚于此，让参观者们可以“一日游亚欧”。

16. 对。南宁已经从以前的边陲小城逐渐发展成一座开放的区域性国际城市。

17. 错。这届园博会在建设过程中就做到了“不推山、不填湖，保留现有植物”。

18. B　19. F　20. C

21. E　22. G　23. B　24. C　25. A

听力

1. 书桌 / 衣柜 / 汽车

2. 5000/ 五千

3. 西方

4. 中国经济的发展

5. 闲鱼

6. D　7. B　8. D　9. B　10. A

11. 错　12. 错　13. 对　14. 错　15. 对